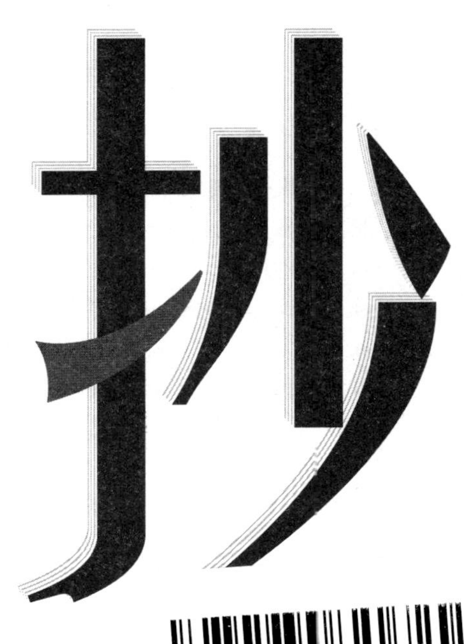

抄底

一买就赚的精准寻底秘籍

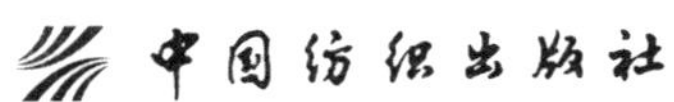

内容提要

抄底是无数投资者梦寐以求的，如果抄在了底部，特别是长线底部，无疑等于打开了股市赚钱的超级提款机。抄在最低点可遇不可求，但抄在底部是既可遇又可求！抄底的技术性很强，关键之处在于底部的判断是否准确。本书构建了一套发现底部的方法系统，从大盘底部到个股底部；从长期底部、中期底部，到技术性反弹的阶段性底部，从战略层面抄长线底的技术和思路，到战术层面的抄短线底的技法。既有K线找底、又有形态找底、趋势线和均线找底，又有技术指标找底，内容细致、系统、全面和完善，是投资者用于寻底和抄底的一本专业的指导性书籍，既适用于新入市的投资者学习，又适用于有一定实战经验的投资者借鉴与提升。

图书在版编目（CIP）数据

抄底 / 付刚主编. -- 北京：中国纺织出版社，2016. 7 （2025.5 重印）
ISBN 978-7-5180-2595-4

Ⅰ. ① 抄… Ⅱ. ① 付… Ⅲ. ① 股票交易—基本知识 Ⅳ. ① F830. 91

中国版本图书馆 CIP 数据核字（2016）第 100348 号

策划编辑：曹炳镝　　责任印制：储志伟

中国纺织出版社出版发行
地址：北京市朝阳区百子湾东里 A407 号楼　邮政编码：100124
销售电话：010—67004422　传真：010—87155801
http: //www.c-textilep.com
E-mail: faxing@c-textilep.com
中国纺织出版社天猫旗舰店
官方微博 http: //weibo.com/2119887771
大厂回族自治县益利印刷有限公司　各地新华书店经销
2016 年 7 月第 1 版　2025 年 5月第 2 次印刷
开本：710 × 1000　1/16　印张：14. 5
字数：179 千字　定价：48. 00 元

PREFACE | 前言

股市是一个高风险、高收益的市场，是一个“看似寻常最奇崛，成如容易却艰辛”的修炼场。多少年来，股市造就了无数的财富神话，也毁灭了多少人的财富梦想，这就是资本市场的不确定性。那么资本市场的财富密码到底是什么呢？其实，答案很简单，那就是把握机遇，做好高抛低吸。

立足股市，能够做到高抛低吸，见好就收，落袋为安，就是真正的操作高手。每一次都能成功抄底是每个投资者梦寐以求的最高境界。优秀的投资者总是能把握最佳买卖点，虽然抓住的不一定是最低点或最高点。

抄底能否成功，对“底”的判断是否正确至关重要。如果抄底后价格还继续下跌，就是抄错了底。通常底部不是简单由股价决定的，想抄到大底通常不是很容易的！很有可能你抄到了半山腰，同样欲哭无泪。

在股市中获取利润绝不是凭借运气，既然你已经参与其中，你就应该在大的方向上把握大盘和个股底部的研判，并在细节上娴熟应用他人实战经验得来的各类抄底技巧。只有大局之下不忘细节的操作理念，才能够达到预期的抄底目的，使投资者不为大涨的股价而望洋兴叹。本书的写作目的就是帮助投资者提高研判大势的能力和选择个股的水平，用非常简单的信号帮助投资者成功抄底。书中所讲述的都是经过作者多年的反复研究与实践而得出的最直接最有效的抄底技术。掌握了这些技术，就等于拥有了开启股市“胜”殿的“金钥匙”。

本书内容分为十章，包括准确研判大盘底部、精准锁定个股底部、根据K线组合识破抄底信号、根据K线形态分析抄底、根据盘中行情抄底、根据趋势线原理抄底、根据技术指标抄底、利用均线抄底、利用成交量发现底部和不同行情中的抄底等内容。全书通俗易懂，具有很强的可操作性。

本书的主要特点有以下几个方面。

第一，本书介绍了股市中抄底的各种方法和技巧，帮助投资者熟知股市底部的各种情形和抄底时应对的各种方法，使投资者能够在股市中迅速地获得收益。

第二，为了让读者朋友能够更清晰地了解所讲解的知识，本书在内容编排上可谓别具匠心，理论知识中穿插大量的图形，方便读者深入理解与灵活运用。

第三，本书中涉及大量的实战知识，种种操作要点与难点都有详细介绍。通过本书的学习，投资者在正确判断股市底部和抄底技巧方面会有显著的提高，更容易捕捉到最佳抄底时机，快速获利。

由于操作方法随着市场以及投资主体的变化而不断变化，投资者在实战中运用本书提供的投资方法的时候，也应与时俱进，这样才能在股市中真正立于不败之地。

本书在编辑过程中参考了众多具有科学依据的文献资料，也得到了一批证券投资专家和学者的倾情指导，在此向为本书的编纂提供指导与帮助的各界人士表示衷心的感谢！

希望本书能为众多投资者提供帮助，同时也欢迎各位读者为我们提出宝贵的意见和建议。

编者

2016年1月

CONTENTS | 目录

第一章 准确研判大盘底部

第二章 精准锁定个股底部

第三章 根据 K 线组合识别抄底信号

第四章 根据 K 线形态分析抄底

第五章 根据盘中行情抄底

第六章 根据趋势线原理抄底

第七章 根据技术指标抄底

第八章 利用均线抄底

第九章 利用成交量发现阶段底

第十章 不同行情中的抄底

第一章

准确研判大盘底部

抄底是股市操作的基本功，是对大势的准确判断，是股市获利的重要基础。抄底是捕捉安全的投资区间，既无踏空之忧又无高位套牢之虑，后市获利丰厚。因此，抄底是投资者最希望的事。但是在市场中底部也并不是想找就能找到的，很多投资者不是买早了被套住，就是买晚了丢失了很大一块利润。因此，能否找到真正的底部是一个短线投资者必备的基本功之一。

大盘底部与个股底部

一、识别大盘底部

大盘是所有个股总体趋势的先行指标，它见底意味着主流板块出现，市场将回升，多数股票将止跌上涨。判断大势是否处于底部区域，可以从下列八个方面的特征来看。

（1）政策面特征。这是大盘成就最后一跌的最关键因素，其中主要包括两方面：一是指对一些长期困扰股市发展的深层次问题，能够得到政策面明朗化支持；另一方面是指在行情发展方面能够得到政策面的积极配合。

（2）量能特征。股指大幅下跌后，成交量在创出地量（一般缩至前轮下跌的最低量或起涨量）后开始缓慢地温和放量，成交量与股指之间形成明显的底背离走势时，才能说明量能调解到位。并且，有时，越是出现低位放量砸盘走势，越是象征着短线大盘变盘在即，也越发说明股指行将完成最后一跌。如图 1–1 所示。

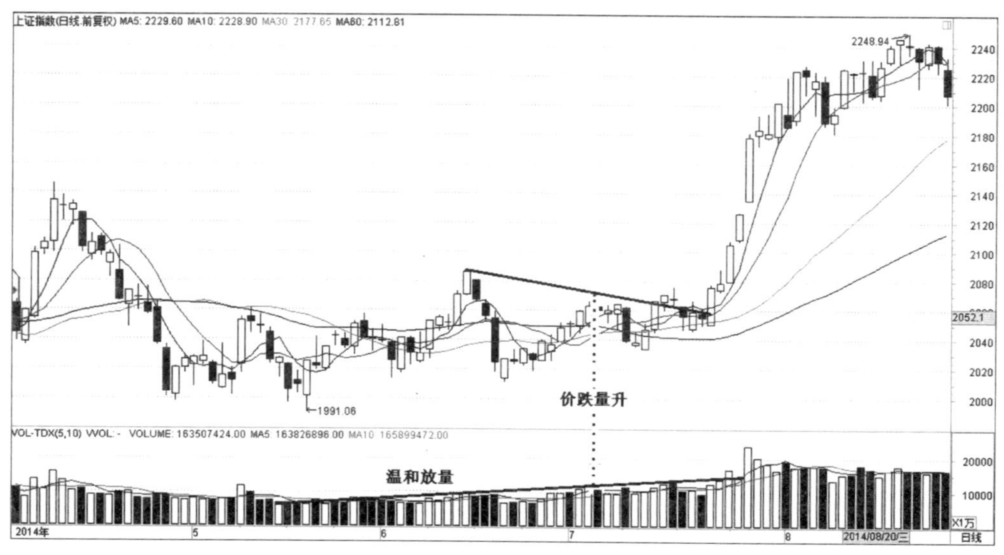

图 1–1　大盘底部的量能特征

（3）走势形态特征。形成最后一跌期间，股指的技能形态会出现破位加快下跌，各种各样的技能底、市场底、政策底，以及支撑位和关头，都显得弱不禁风，稍事抵挡后便兵败如山倒。

（4）市场人气特征。在形成最后一跌前，由于股市长时间的下跌，会在市场中形成沉重的套牢盘，人气也在不断被套中被消耗殆尽，往往是在市场人气极度低迷的时刻，恰恰也是股市离真正的低点已经为时不远。

（5）下跌幅度特征。在弱市中，很难从调整的幅度方面确认股市的最后一跌，股市谚语“熊市不言底”是有一定客观依据的，这时候需要结合技术分析的手段来确认大盘是否属于最后一跌。

（6）指标背离特征。指标背离特征需要综合研判，如果仅是其中一两种指标发生底背离，还不能说明大盘一定处于最后一跌中。但如果是多个指标在同一时期中在月线、周线、日线上同时发生背离，那么这时大盘极有可能是在完成最后的一跌。如图 1–2 所示。

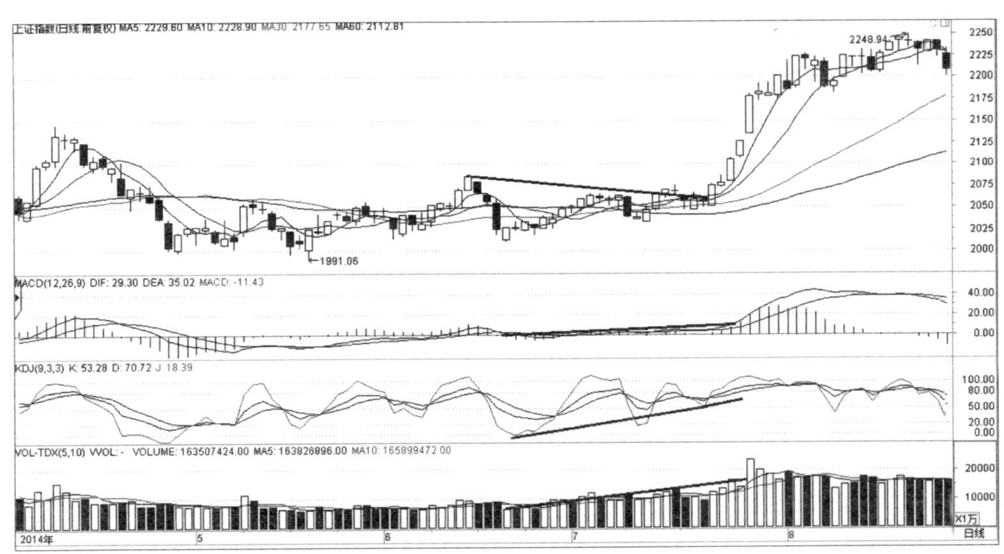

图 1–2 大盘底部 MACD、KDJ、量价线等多个指标出现背离

（7）个股表现特征。当龙头股、强势股或者是遭到投资者普遍看好的股票纷纷跳水，开始大幅破位下跌时，常会给投资者造成极重的心理压力，促使投资者转为看空后市，从而完成大盘的最后一跌。

（8）热门形成特征。市场逐渐出现新的有持续性的热门板块（一般不少于 2 个）或者新的领涨先锋。

二、识别个股阶段性底部

对个股底部的研判也是十分重要的。大多数个股的中长期底部和大盘是一致的，如果大市不好，个股也难有作为，但也不排除少数逆市而动的个股。投资者在介入处于底部的个股时也应该考虑整个大盘的状况，更好地规避风险。

股价在经过长时间和大幅度的下跌后，空方力量逐渐衰竭，股价开始在一定幅度的价位区内横向波动，成交量显著萎缩，多空力量在悄悄发生转化。此时的成交量并不活跃，股市仍然低迷不振，个股的底部就在眼前。个股底部形成时，往往具有以下特征：

（1）个股底部形成之前必须有明显的下跌趋势。下跌的幅度越大、时间越长，后市上升的空间就越大、持续的时间就越长。

（2）个股底部横盘持续的时间较长，且成交量极度萎缩。主力为了在低位吸到足够的廉价筹码，往往故意让个股在低位横盘，使构筑底部的时间延长。

（3）很少有获利盘，大多数的投资者都被深深套牢。此时，投资者对个股失去了信心，利空的传言满天飞，但是股价却跌不下去了。

（4）多项技术指标处于严重超卖区域或底背离状态，技术上已经具备了反转条件。如 KDJ 指标处于超卖区，J 线强势上穿 K 线、D 线。如图 1–3 所示。

图 1-3　个股底部

各板块纷纷下跌，最后下跌的板块往往是绩优股和指标股。此时，很多长线投资者开始不看好绩优股，纷纷抛售，主力机构也打压指标股，致使大盘深幅下跌。至此，从大盘股到中小盘股，从垃圾股到绩优股，该下跌的板块统统都跌到无可再跌了，市场已经聚集了反转的能量。

要判断是否是阶段性底部，首先要对市场走势进行定性判断，也就是该股是上涨过程中的阶段性底部还是下跌过程中短期的底部。前者一般在跌稳之后将再度发力向上走高，往往会有更大的涨幅；而后者则是一个积蓄新的做空能量的过程，之后将再度向下走低。对于这两类个股参与时机的选择是不同的，前者即使选择时机不好，但以持股为主后期盈利仍然可期，而后者参与时点的选择非常重要，一旦发现判断错误，就要马上离场，以避免遭受更大的损失。

点金箴言

无论哪类底部的出现，都有以下特点，即成交快速萎缩并处于较低水平，而一旦发力则迅速拉高，呈现V形形态。但不同性质的反弹其表现方式是不同的，有的是迅速放量强劲走高，有的是温和放量推高。总之，不管是哪和方式的下跌，投资者都不应盲目抄底。正确的投资策略是，对于长期走高的个股，应在其下跌企稳并启动发力时适当追高；对于持续下跌的个股，其下跌过程中出现的阶段性底部则不应参与，而是要逢高择机出局。

根据指数研判大盘阶段性底部

股市的阶段性底部，是指股价指数经过较长时间和较大幅度的下跌而形成了众多套牢者，股市的成交股数和成交金额都大幅度萎缩，然后进入到一个波动幅度极小的整理格局。这时就可以称之为一个阶段性底部。这里所说的“较长时间”，不是一两天或三五天，而是至少半个月以上，一般情况在一个月至两个月。下跌时间过短，还无法明确判别其性质，因为这可能是上升途中的“临时休息”，也可能是更长时间下跌的前奏。其下跌幅度应较大，也是同样的道理。一般来说，股市到达一个阶段性底部的跌幅至少应有 10% 以上，一般跌幅达到 15% 以上更容易准确判断阶段性底部是否到来。当然有时候股价指数跌幅不大（比如在 10% 以下），但横盘整理的时间很长（如两个月以上），这也可能是一个阶段性底部。

确认大盘阶段性底部当然重点要对大盘指数进行研判，在每个交易日都对大盘的走势进行追踪常常能够提供十分有效的信息。当大盘出现第一次反弹，并且持续了一段时间时，投资者就要格外引起注意。如果此时大盘在随后的几个交易日里反弹的力度有限，那么还不能说明阶段性底部的成立。但是，如果随后几个交易日的反弹中，成交量出现同步放大，个股行情也渐趋活跃，特别是大盘的日升幅超过 2%，那么我们就可以基本上确定大盘已经改变了颓势，将会有较有力的反弹行情出现。如图 1–4 所示。

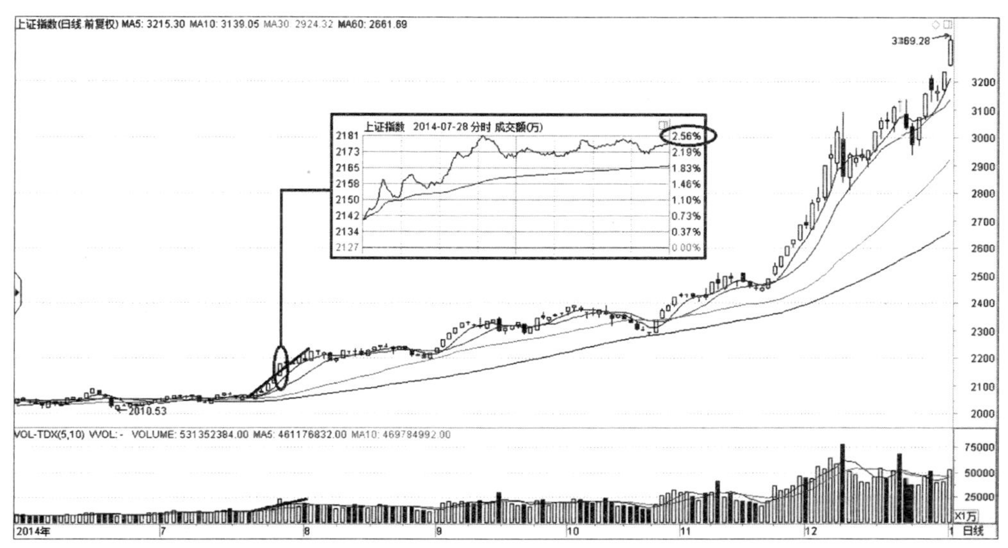

图 1-4　根据指数研判大盘阶段性底部

但是有时候也可能仅仅是一次虚假的表现，或者就是市场主力所制造的骗局。如果出现这种情况，反弹行情往往会突然结束，并且伴随着次一交易日的放量下挫，引发市场心态恐慌。但是在大盘企稳后再度出现下探的走势，并不能就此断定是一次虚假反弹。实际上，在大盘真正的上扬行情展开之前，往往会有一个对底部的反复确认过程，这个时候，股指会连续几个交易日在低位呈现出窄幅波动的现象。投资人可以密切留意大盘指数的低点位置，如果低点呈现出不断抬高之势，那么大盘的底部事实上已经形成，投资者就不应该计较几个指数点，应大胆介入。

点金箴言

在技术分析中，通常人们也运用像波浪理论、通道理论等来判断大盘底部是否确立。在波浪理论中，一轮空头市场会有三个向下为主导的基本大浪，即通常所谓的 a、b、c 调整浪，投资人只要能够正确数浪就可确认底部。而在通道理论中，不论上升通道或下降通道在形成之后，其运行轨迹的改变必然会经历一段时间，投资人要判断大盘的底部就是要分析下降通道何时会出现转折，这个转折点就成为市场的底。

根据 K 线组合研判大盘底部

结合 K 线图分析大盘的底部，可靠性会大大提高，如根据底部弹升的四根 K 线组合研判大盘底部，既简单又实用。

第一、第二根 K 线是连续中大阳线，第三根 K 线是带上下影线的十字星或阴线，最关键的是第四根 K 线，第四根 K 线为阳线则大盘强势确立，否则弱势依旧。

一、四根 K 线组合的成交量规律

第一根 K 线成交量仅有温和放大即可，因为大盘从底部弹升，市场获利筹码极少，几无抛压，无须放量。

第二根 K 线成交量要有明显放大，因为随着指数的上升，会遇到压力。

第三根 K 线的成交量比第二根 K 线略小，但明显大于第一根 K 线。之所以成交量较大，原因是投资者还不认可市场的走强，因此见利即抛。此外，龙头股在连续上涨后，也开始了震仓或者重新走弱。

第四根 K 线如果为阳线则成交量继续放大，大盘将气势如虹，一轮升势确立；如果为阴线，则成交量缩小，表明市场再度走弱。

二、四根 K 线组合的涨升规律

为了使上述 K 线组合的应用最佳化，以下要点需要投资者加以注意：

一是要有强劲的领涨热点。这是率领市场走出弱市的关键。否则，即使出现同样的 K 线组合，也不一定能形成底部。

二是要高度关注第三根 K 线的上影线长度，加强行情的前瞻性。第三日大盘多数为大幅震荡形态，研判后市行情发展的难度较大。但这一日的上影线基本决定了次日走势：上影线长，说明行情的力度大，次日走强的概率大，短线以高抛低吸为主；上影线短，甚至没有上影线，则次日走弱的概率大，短线高抛不低吸。

三是四根K线组合会有变形。变形多数发生在第三根K线之后。如果在第四日出现带较长上影线的阳十字星，此时不影响行情研判的有效性，一般第五日会出现大中阳线。

四根K线也有变形形态，第一根K线可以变形为两根首尾相接的中阳线，即第二根K线的开盘价位于第一根K线的收盘价附近；第三根星形线也有变形形态，可以是连续两日的星形线或带上下影线的小K线，如图1-5所示。

四是如果是在长期市场的底部，则第四根K线会有效站稳在60日均线之上，这也是市场转强的强烈信号。

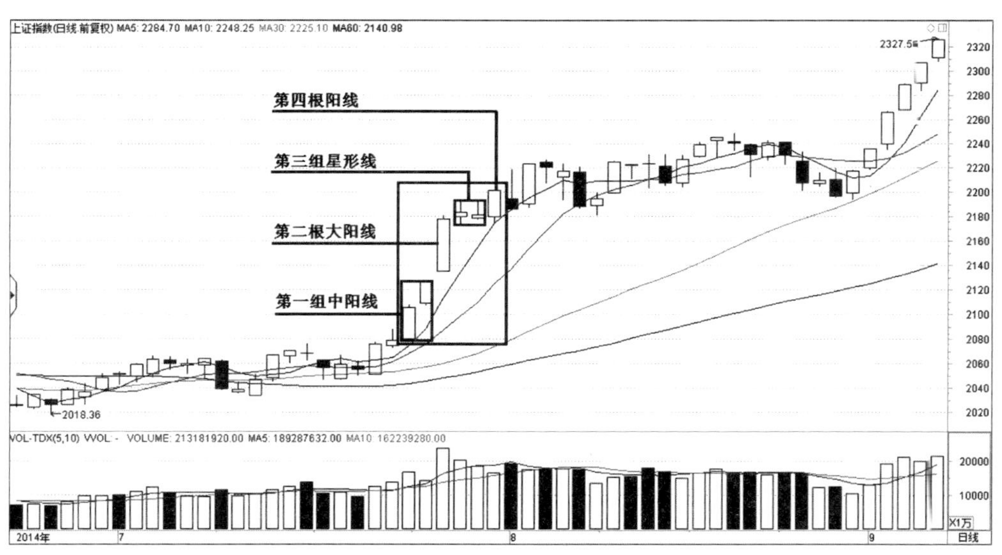

图1-5　根据K线组合研判大盘底部

点金箴言

当大盘底部出现K线组合时，预示股价即将上升，此时投资者要尽快建仓买进。在大盘底部，一些典型的K线组合会不断地重复出现，如果能够了解每个组合形态的内在原理，掌握其发展的规律，便会在股市中获得丰厚的盈利。

准确判断大盘的二次探底

二次探底不破底价是指股价再一次由高位下跌至以前的低点附近获得支撑，然后直接转为上升趋势，且这一低点至少是数星期之前的低点，一般是数月之前甚至是一年之前的低点。这时股价往往经过了较长时间的下跌，股价跌幅已深，市场交易冷淡，风险已经很小，一旦有利好刺激或庄家入场，股价就会大幅上涨，而且大多会重新涨回起跌点甚至更高位置。

股市经历过长时间的深幅下跌以后，往往积弱难返，不能在一次见底过程中就扭转颓势，只有在第一次反弹中先延缓下跌的速率，然后通过二次探底再蓄势整理积累做多能量，重新发动一轮上升行情。表现在盘面中的走势形态类似于“W”底或三重底，这是重要的底部形态之一。图 1-6 为 2014 年 1 月至 8 月的周 K 线图，从中可明显看到三重底形态，说明大盘底部已夯实。

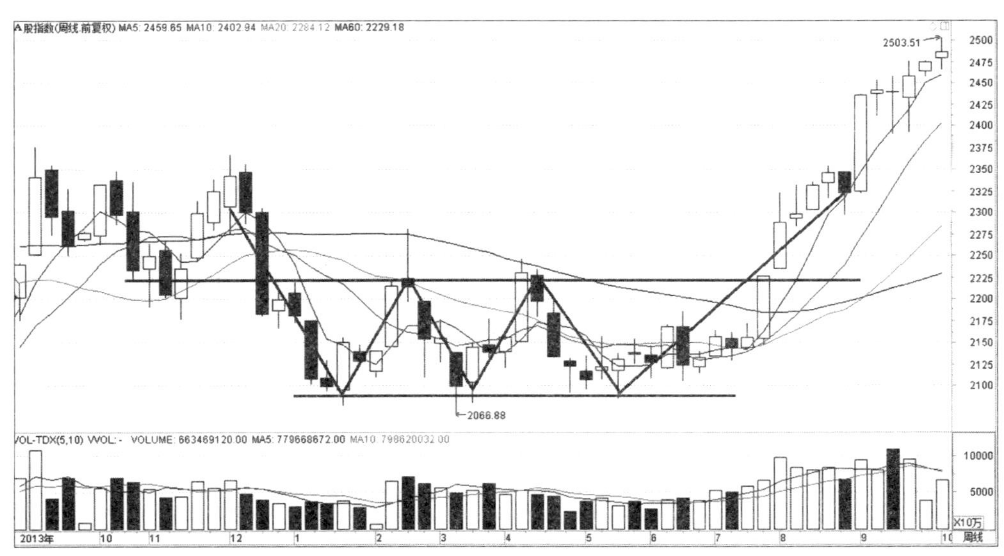

图 1-6　准确判断大盘的二次探底

众所周知，行情的启动必须以增量资金的介入为先决条件，在双底形态中，量能的因素十分重要，没有成交量支持的形态是难以构筑成功的，即使从表面上走出双底，也往往不能走出理想的上升浪，有时甚至来不及突破颈线位就回落了。

股价在下跌过程中，主要的支撑是以前的成交密集区和以前所形成的低点附近，尤以后者的支撑最为有效，在以前上升过程中连拉阳线或振荡上行的中途是很少有支撑的。二次探底的买入点在以前的低点之上 3% 左右的幅度范围内或者是在以前的低点附近，但未创以前的新低或者即使跌穿了以前的低点但很快又回升至以前的低点之上时。

对于双底的量能分析主要集中在其能否有效放量，其中需要重点观察以下四种情况：

一是 W 形底的构筑过程中，右侧 V 形走势的成交量是否超过左侧 V 形走势的成交量；

二是完成右底后的右侧上涨过程中是否能有效放量；

三是在突破颈线位的关键时刻，是否能够带量快速突破；

四是 W 形底的构筑过程中，均量线是否能向上移动，并处于发散过程中。

这些因素是决定双底形态能否构筑成功的关键因素。

二次探底中，第二次低点距离第一次低点的时间越长（如半年甚至一年以上），越是有效和可靠，且股价在低位停留的时间非常短，往往是几个交易日甚至是盘中短时间的，而其后的上升却是迅速和持续的。因此，在实际分析和操作中，投资者不仅要看日 K 线图，更应看周 K 线图，这样可以看到更远、更多的以前低点，寻找更多的机会，提高买入成功的概率。股价下跌至以前低点附近获得支撑的次数越多，越是有效和可靠。因此，三次探底不破、多次探底不破是最佳的买入时机。

在股价跌至以前低点附近买入后，股价不涨反跌，在有效跌穿以前的低点无上升的迹象时，为回避风险，投资者应暂时止损离场。止损后，万一股价又回升至以前的低点之上，投资者还应有勇气再买回来，因为有时主力有意将股价击穿以前的低点以便吸到更多廉价的筹码，然后快速拉升。在先止损再买回的过程中，投资者虽然付出了代价，却是值得的。因为通过此举，主力的意图昭然若揭，后市的上涨已是必然。

点金箴言

二次探底不破底价是难得的中长线买入时机。空仓或轻仓的投资者如果在第一波反弹行情中踏空，则可以趁这个机会积极介入；重仓套牢的投资者可以利用这段有利时机，对手中部分涨升潜力不大的个股进行换股操作，换入具有投资价值、价格低廉、涨升潜力大、在未来行情中有可能演变为主流热点的个股。

把握抄底的时机

每一位投资者都希望自己能够拥有抄底和逃顶的绝招，但是，真正能够做到的却少之又少。实际上，不管底部也好，顶部也好，总会有一些蛛丝马迹流露出来，关键是投资者如何去寻找这种时机并加以把握。

不同的投资者对于抄底有不同的时机选择。有的投资者看好大盘或个股时在高位轻微被套，在股指或股价回落的过程中每到一定价位便适量补进，这种一路跌一路买的方式适合资金较大的投资者。第二种是股价或股指在相对低位横盘时买进，此时价格较低，买入风险较小，但时间可能消耗较长，需要有较大的持仓耐性。第三种是在股价或股指走出底部，或冲出下降通道确认以后买进，这种方式需要投资者有准确的判断力和果敢的决心，此时买进见效最快。

一、抄底进场时间

在抄底时机的把握上，不少人指望在底部出现后，或在利好消息出台后再去抢盘。但是，如果人人都这样想、这样做，就变成了在同一点位以市价盖帽打进，这样一来就会出现主力在高位被套的可能。实际上，在一路下跌势头将尽时，主力要去抄“次底”，宁可留一部分最低的筹码让别人赚。这样做，反而能常胜，这就叫“及时追涨”。

一些技术指标能够相对准确地把握个股底部，以 KDJ 指标为例。个股股价连续下跌，KD 值在 20 以下，K 线上穿 D 线，均线最好呈空头排列，日 K 线出现下影线，下影线越长越好，个股开始温和放量，此为底部的一个明显信号，可抄底。如图 1-7 所示。

图 1-7　KDJ 指标确认个股的抄底时机

个股股价在低位，下方出现层层大手买单，而上方仅有零星抛盘，并不时出现大手笔炸掉下方的买单之后又扫光上方抛盘，此为主力在对倒打压，震仓吸筹，可适量跟进。

个股在低位出现涨停板，但并不封死，而是在打开—封闭—打开之间不断循环，争夺激烈，并且当日成交量极大，这是主力在利用涨停不坚的假象震荡建仓，往往是在某种利好支撑下的突击建仓。在这种情况下，投资者应果断买进。如图 1-8 所示。

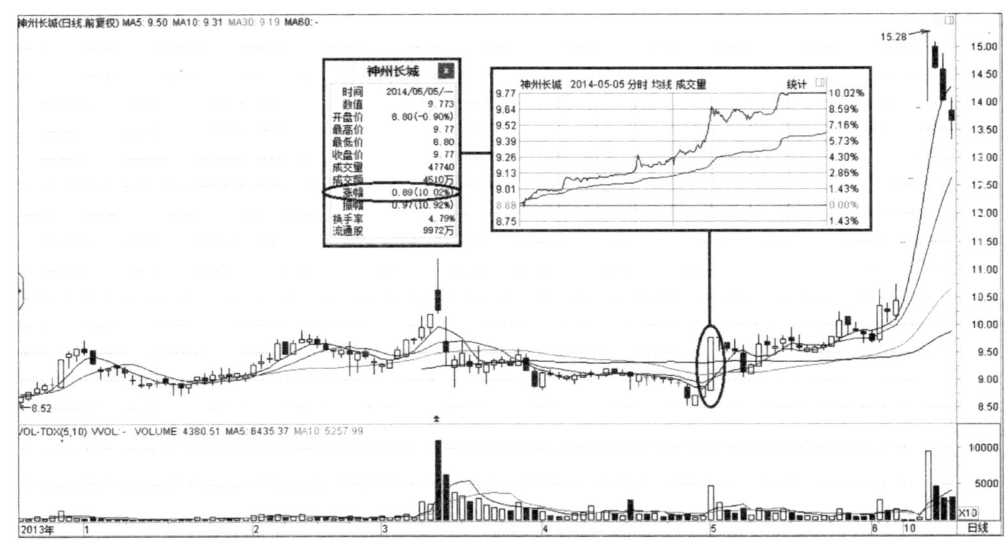

图 1-8 个股低位涨停建仓可跟进

个股低开高走，盘中不时出现往下砸盘，但跟风者不多，上方抛盘依然稀疏，一有大抛单就被一笔吞掉，底部缓慢抬高，顶部缓慢上移，尾盘低收，这种情况宜在尾市打压时介入。

个股在经历长时间的底部盘整后向上突破颈线压力，成交量放大，并且连续多日站在颈线位上为突破确认，应及时跟进。

二、抄底的注意事项

1. 成交量的问题

大盘在处于弱势的时候成交量总是相对偏小，而价跌量缩也好，价跌量增也好，都无法确定是否是底部。但是如果成交走平，或价平量增时，处于底部的可能性就较大。

2. 关注个股行情

在一般的弱势中，每天下跌家数多于上涨家数是一件较为平常的事情。但是一旦这种情况有所改变，就应当引起投资者的高度关注。如涨跌幅的情况，弱市中总是跌幅大的个股多，而涨幅大的个股少。一旦个股上涨力度增加，出现底部的概率就较大。

3. 底部性质

判断底部的性质极为关键。因为不明白底部的性质，很难真正在股市中获胜。许多人在抄了底之后并不清楚行情会走多高，就是这个原因。一般情况下，小盘股、低价股先启动，则是弱市转为强市。这通常是一种短线参与的思维。真正的大主力资金介入，则必然会以一种相对长远的眼光来看待这个市场。这时候价格高低、盘子的大小就不会是决定因素。

点金箴言

由于人为判断不可能没有失误或操作错误，因而要注意操作方法。在确认是底部的时候可以轻仓买进，次日如果出现反弹马上加码再买进，分批建仓有效减少风险，或者提早进场抄错了，可以在次日开盘先行抛售，等行情明朗再回补。当出现一定反弹后可以抛售一部分，因为反弹时容易受到5日或10日均线的压制，投资者可以等回落再回补，滚动操作，争取利润最大化。

第二章

精准锁定个股底部

无论是大盘或个股，一旦走熊，最终的底部是很难预测的。但底部区域来临时，具有丰富实战经验的理性投资者可以凭知识和经验做出正确的判断。股市底部可分为三大类，分别是短期底部、中期底部和长期底部。

短期底部

短期底部是指股价经过短时间的连续下跌之后，因短期技术指标超卖，从而出现股价反弹的转折点。股指每次加速下跌都会探及一个短期底部，从而反弹的时间跨度多则几周，少则几天。反弹的高度在多数情况下，很难超过加速下跌开始时的起点。中期底部是由于股价经过长期下跌之后，借助于利好题材所产生的升幅可观的弹升行情的转折点，这一反弹的时间跨度多则几个月，少则几周。

短期底部以 V 形居多，在探出底部前常常出现 2 ~ 3 根比较大的阴线，然后出现见底的 K 线组合，如好友反攻、曙光初现、早晨之星等。

短期底部的特征共有五个，具体如下。

一是个股日 K 线图上常会出现长下影线或锤子线等带有触底反弹意义的 K 线。如图 2-1 所示。

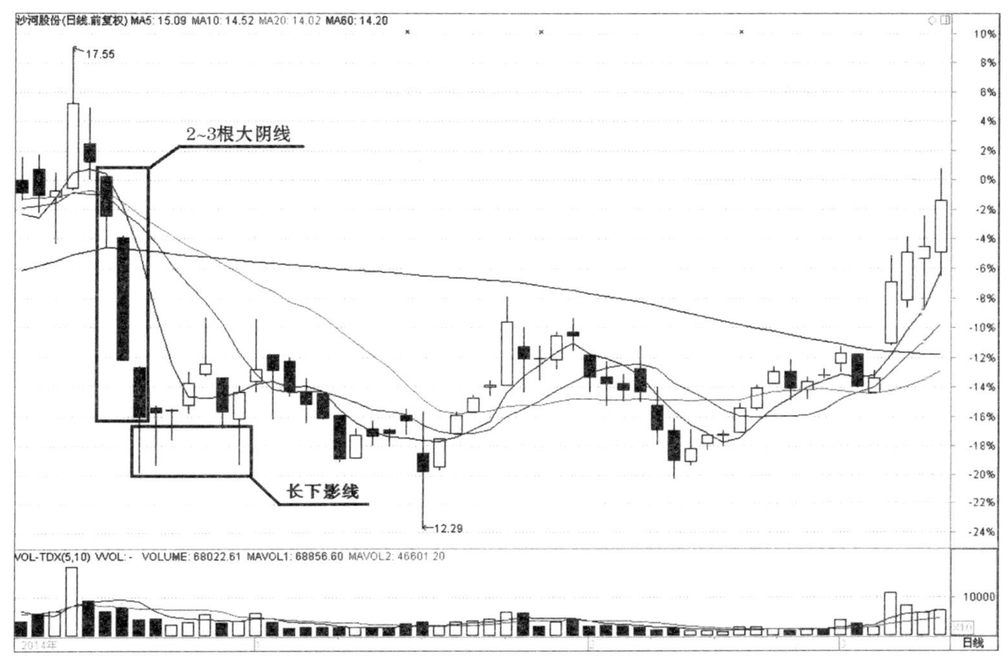

图 2-1 短期底部

二是股价回落到 5 日、10 日、20 日均线时常获得支撑，或快速上穿 5 日、10 日等均线。

三是股价的回落幅度往往很小，回落时间一般以天来计算。

四是由于时间太短，成交量可能放大也可能不放大，但基本上不会改变股价上升的趋势。

五是市场人气比较旺盛，热点持续不断，人们仍然积极看多。

在短期底部出现前几日的急速下跌中，大多数个股都会有一定的跌幅。短期见底之后，将有一个时间很短的反弹，反弹的时间多则三天，少则一天，反弹的高度一般情况不会超过急速下跌时的起点。在反弹行情中，一般低价位的三线股表现较好，而一线绩优股的反弹幅度不大。

点金箴言

值得注意的是，短期底部只是大盘下跌动能暂时趋于衰竭，是股指短线止跌企稳的底部位置。出现短期底部后，大盘通常会有一波反弹行情，但反弹行情能否演化成反转行情，短期底部能否演变成为更高级别的底部，还需要根据出现反弹行情时的市场环境另行研判。

中期底部

中期底部是指股价经过长期下跌后借助于某些利好题材所产生的历时较长、升幅可观的上涨行情的转折点。中期底部会以各种形态出现，其中双底和头肩底出现的概率较高。中期底部一般是在跌势持续时间较长（10周以上）、跌幅较深（下跌30%以上）之后才会出现，在到达中期底部之前往往有一段颇具规模的加速下跌，如图2-2所示。

图2-2　中期底部

中期底部的特征共有五个，具体如下。

一是个股往往经过半个月至两个月的周期，形成了头肩底、W底、V形底、圆弧底等形态。

二是股价常常运行在45日均线之上，即使出现回调，也往往不会有效跌破90日均线。

三是股价回调的幅度往往会比较深，但通常不超过前面上涨幅度的50%。

四是股价回调的时间往往不会太长，通常不超过两个月。

五是个股往往呈现出上涨有量而回调无量的现象，说明市场抛压较轻，主力没有出局。

中期底部的出现，一般不需要宏观上基本因素的改变，却往往需要消息面的配合。最典型的情况是先由重大利空消息促成见底之前的加速下跌，然后再出现利好消息，配合市场形成反转。在见底之前的加速下跌中，往往优质股的跌幅较大，股价见底期间，优质股的成交量会率先放大。中期底部形成之后，会走出一个历时较长（一至数周）、升幅较高的上升行情，这段上升行情中间会出现回调整理。

这种上升行情大体来讲可分为三段：第一段由低位斩仓者的补货盘为主要推动力，个股方面优质股表现最好；第二段由炒题材的建仓盘推动，二线股轮番表现的机会比较多；第三段是靠投机性炒作推动的，小盘低价股表现得会更活跃一些。在中期底部之后的升势发展过程中，会有相当多的市场人士把这一行情当作新一轮多头市场的开始，而这种想法的存在正是能够走成中级行情而不仅仅是反弹的重要原因。

相对于短期底部来说，中期底部一般是在跌势持续时间较长，跌幅达20%以上才会出现的。中期底部常常会以双底、头肩底的形态出现，在操作中如果见到个股是以这两种形态见底，那么中长线投资者可以利用其颈线作为买点。具体的操作方法可参考前面所讲的双底与头肩底的抄底方法。中期底部形成后，对于中长线投资者来说是买入的好机会，因为一旦中期底部形成，后期股价将会持续较长一段时间的上涨，只要买入的时间不是太晚，都可以获得丰厚利润。

点金箴言

投资者在抄底时，稳妥的办法就是观察均线系统的走势，如果均线系统形成多头排列走势，可等股价回踩均线时买入。对于激进的短线投资者来说，可以利用短期均线的黄金交叉和MACD黄白线的黄金交叉作为买入信号。无论是短线投资者还是中长线投资者在买入后，只要均线系统多头排列的方式没有发生实质性的改变，并且持仓成本又较低，就应以持股为主，如果持仓成本较高，可以用短期均线的死叉作为卖出信号。

长期底部

长期底部又称大底，是熊市和牛市的临界点，如图 2-3 所示。

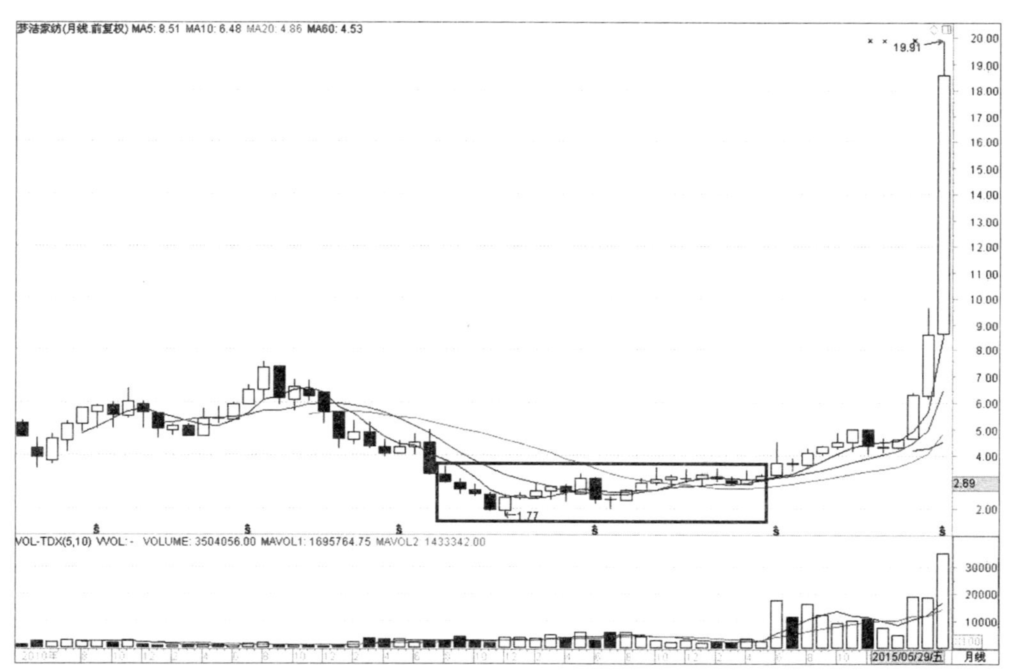

图 2-3 长期底部

长期底部的形成有两个重要前提：第一是导致长期弱势的宏观基本面利空因素正在改变过程当中，无论利空因素消除速度的快慢，最终结果必须是消除；第二是在一个极低股价水平的基础上，投资者的信心开始恢复。

长期底部形成之后的升势可能是由某种利好题材引发的，但利好题材仅仅是一轮主升行情启动前的原因之一，绝对不是出现多头行情的全部原因。只有市场存在空翻多的内在因素，才有走大牛市的可能性。也就是说，市场必须存在出现多头行情的内在因素，才有走多头行情的可能性，而这种内在因素必须是宏观经济环境和宏观金融环境的根本改善。

长期底部的特征如下：

一是绝大多数投资者出现亏损，并且亏损幅度在50%以上，甚至出现股民跳楼的现象，即使是主力机构也未能幸免。

二是当股指走势形成顶部后，一旦趋势反转的迹象出现，即使股指连续下跌20%也往往不会出现反弹行情；同时，在跌势途中出现连续数日的三幅阴线，促使股指快速下滑。

三是在市场需要释放空头卖压时，由于无人愿意进场承接，于是往往会出现大面积的跌停现象，有时跌停的个股会达到沪深两市股票总数的70%以上。

四是当绝大多数股票都已经深幅下跌后，前期一些较为抗跌的强势股也开始出现补跌行情，无论是大盘蓝筹股、绩优股，还是基金重仓股，纷纷开始破位下行。

长期底部的形成一般有简单形态和复杂形态两种。所谓简单形态是指潜伏底或圆弧底，这两种底部的成交量都很小，市场表现冷清；而复杂形态是指规律性不强的上下震荡。长期底部走成V形底或小W形底的可能性不大，长期底部形成之后将是新一轮的多头市场循环。

在日线图中，长期底部多是以潜伏底形态或是大圆弧底形态出现，但在切换到周线图中后，这种日线图中的潜伏底或是圆弧底在周线图中多会以双底、头肩底或是圆弧底的形态出现。在观察长期底部时，日线图中的长期底部周期跨度较大，不利于观察，因此可以借助于周线图或是月线图。

点金箴言

长期底部形成后，预示着熊牛的转换，一个长期升势的开始。尤其是大盘指数，一旦牛市行情启动，对投资者来说无论有没有技术都可以获利。我们在观察这种长期大底时，周线图是首选。如果周线图中均线的多头排列形态出现，那么后期必然会有一轮可观的行情。由于周线图有些滞后，利用周线图中的多头排列抄长期大底，介入时间较晚，因此可以利用周线图中短期均线的金叉作为买入信号，也可以利用日线图中均线的多头排列形态作为买入信号，这样就可以弥补周线滞后的不足。

利用乖离率确认底部

乖离率也叫偏离度，它是由移动平均线派生出来的，是反映股价的收盘与某一时期的移动平均线之间偏离程度的一种技术指标。移动平均线是反映一段时期内投资者平均持股的成本，所以当指数或股价形成暴涨时，就会出现指数或股价在上方远离移动平均线的现象。这说明经过一段时期的暴涨，持股者获利丰厚，随时都有可能获利了结，大量套现，或迫使指数或股价掉头向下。反之，当股价形成暴跌时，就会出现指数或股价在下方远离移动平均线的现象。这说明经过一段时期的暴跌，持股者损失惨重，这样随时有可能因投资者惜售和捡便宜的人增多，而使股价见底回升。如图 2–4 所示。

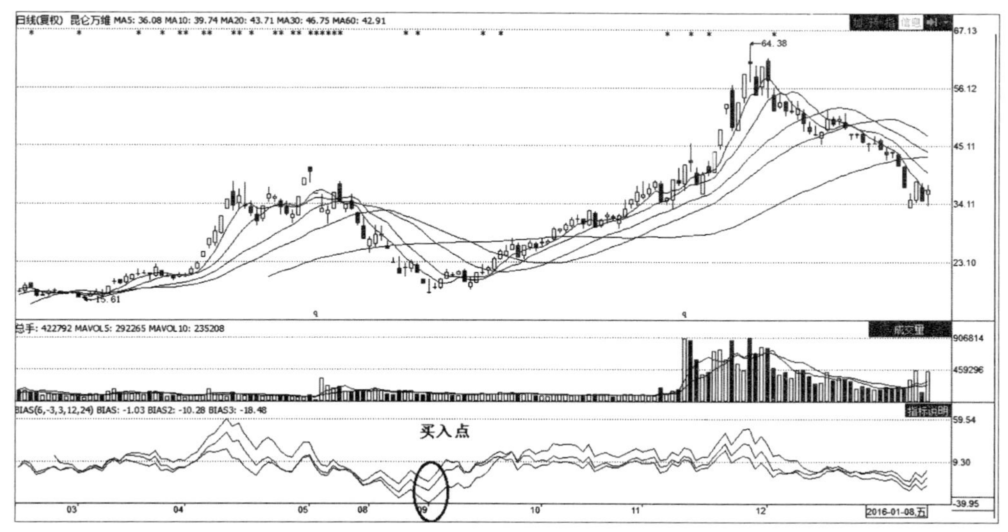

图 2–4 乖离率确认底部

依据乖离率的计算公式，我们可知乖离率取值有正负之分，股价高于移动平均线，乖离率为正值；股价低于移动平均线，乖离率为负值；当股价与移动平均线相等时，乖离率为零。

股票的实际走势常常会出现乖离率过大的情况，也就是股价与均线偏离程度过大。当乖离率过大时，乖离率就会进行修正。乖离率的修正主要有两种方式，一种是以价格进行修正，体现为短期股价的反弹；另一种是以时间进行修正，价格波动的幅度并不大，这种实际上是股价盘整，等待均线靠近进行乖离率的修正，使价格与均线偏离程度缩小，即“以时间换空间”。

一般情况下，无论大盘或个股是处在上涨行情还是处在下跌行情中，只要趋势稳定，乖离率都将在一个常态范围内波动，若超出常态范围则可视为乖离率过大，股价将向移动平均线靠拢。也就是说，当正乖离率涨到某一百分比值时，表示短期之内多头获利的可能性较大，是卖出信号；当负乖离率降到某一百分比值时，表示空头回补的可能性很大，是买入信号。

对于乖离率的具体数值达到何种程度时判断为乖离率过大，需要修正，从而作为买入和卖出信号，目前并没有统一的标准，因为个股的特性各不相同，我们可以根据行情参考不同个股近期乖离率的相对高值和低值作为相对标准，加以综合判断。

在运用乖离率进行分析操作时，要分清主次。乖离率测市功能表现是多方面的，例如它在0轴之上或0轴之下运行，可以表示股价或指数为强势或是弱势；乖离率与股价顶背离或底背离可以表示行情即将发生逆转等。但乖离率的测市功能不是最主要的，相对于其他技术指标来说作用要小很多。只有乖离率的绝对值接近或超越历史最大值或历史最小值时，才会起到对股价的暴涨暴跌的预警作用，这是任何技术指标都无法与之相比的。所以，在运用乖离率研判后市时一定要抓住重点，这样才能制定正确的操作策略。

点金箴言

乖离率对于回档或反弹行情常能轻易把握住，但乖离率的买卖信号并不频繁，仅能视为移动平均线的一个辅助指标。在后市的研判上，仅以单一乖离线作为研判的基础，显然有所偏失，对于突发性大涨或大跌的行情，乖离率的功能均会大幅降低。有些时候，某些个股的乖离率会受到除权或除息的影响而失真。同时，乖离率不适用于主力高度控盘的股票。

下跌中继与底的区别

下跌中继平台与阶段性底部都是在股市经历过一段时间的快速调整后，自然地于某一位置暂时性止跌企稳，出现平衡走势。一般情况下，阶段性底部的量能至少减少到前期峰量的三分之一以下，下跌中继平台也同样会大幅度减少。当大盘即将进入阶段性底部时，指数在盘中表现多为窄幅整理状况，表现在 K 线形态上，就是 K 线实体较小，并且经常出现单个或连续性的小阴小阳线。盘中热点逐渐沉寂下来，只有少数板块或零星个股比较活跃，对市场人气起不到聚拢和带动作用。技术指标大多处于超卖区域，其中随机指标的 J 值至少低于 20，通常是跌为负值；心理线指标的 20 天移动平均线小于 0.4；13 日 W&R 指标线低于 –80。投资者的炒作热情趋于冷淡，投资心态较为冷静，一般不愿意采用追涨杀跌的激进操作手法，而多采用一些较为保守的投资策略。

虽然这些相同特征，增加了投资者区别下跌中继平台与阶段性底部的难度，但还是有些科学的方法能够准确辨别两者的差异。对于下跌中继平台与阶段性底部的识别，重点是通过平台走势之前和平台走势之后这两个阶段进行的。

第一，通过平台走势前下跌过程中的特征识别。如果在平台之前的下跌过程中有明显的刻意打压迹象，这时形成的平台大多属于阶段性底部。其中，刻意打压的迹象如表 2–1 所示。

表 2-1　刻意打压的迹象

方面	分析
移动成本分布	通过对移动筹码的平均成本分布和三角形分布进行分析，如果发现大多数个股的获利盘长时间处于较低水平，甚至短时间内获利盘接近0，而股市仍然遭到空方的肆意打压，则可以说明这属于主力资金的刻意打压行为
均线系统与乖离率	当股市偏离均线系统过远，乖离率的负值过大时，往往会向0值回归，如果这时有资金仍不顾一切地继续打压，则可以视为刻意打压行为
成交量	当股市下跌到一定阶段时，投资者由于亏损幅度过大，会逐渐减少交易，成交量会逐渐地趋于缩小，直至放出地量水平。这时候如果有巨量砸盘，或者有前期主流品种纷纷跳水，但股市却并没有受较大影响，则说明这是主流资金在打压恐吓
做空动能	如果大盘经历了较长时间的下跌，做空动能已经消耗将尽，但股指仍然不能摆脱下跌的命运，此时如果大盘没有实质性做空因素，则不排除主流资金正在有所图谋地刻意打压
恐慌盘	在下跌过程中如果有大量恐慌盘慌不择路地出逃，而大盘却能迅速止跌企稳，说明有资金正在趁机逢低建仓，后市将出现阶段性底部。主力资金刻意打压的目的就在于在低位收集廉价筹码，如果没有恐慌盘的退出，就会给主流资金发动行情带来困难，因此，调整的时间就会延长，而下跌中继平台出现的概率也将大为增加

如果股市的下跌没有刻意打压的迹象，而是因为市场本身存在调整压力，或受到实质性做空因素的影响导致的自然性下跌，这时形成的走势大多属于下跌中继平台。图 2-5 为下跌中继平台与底部平台的区别。

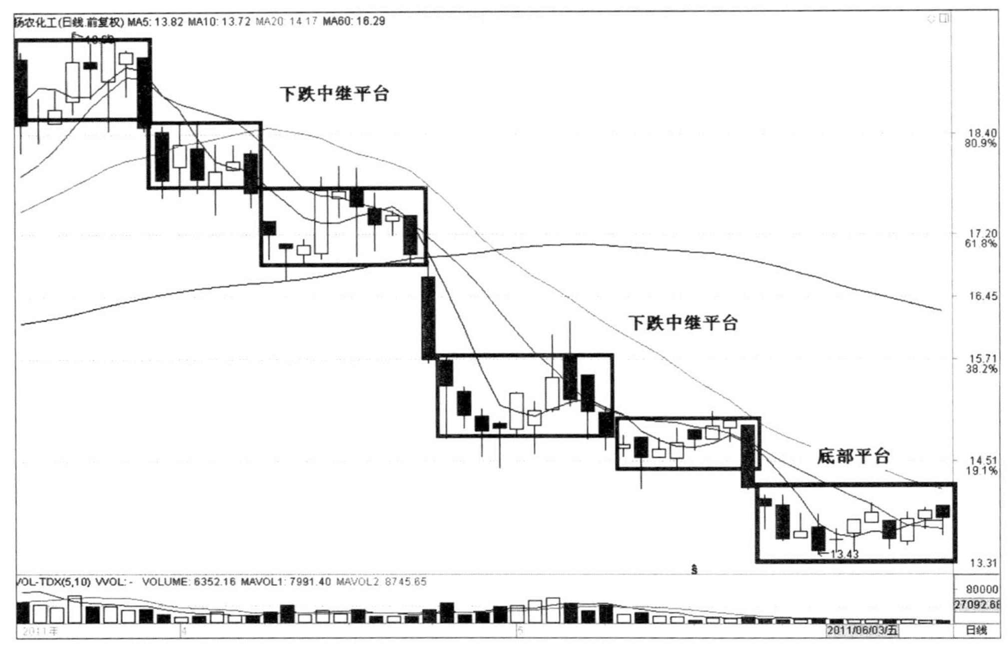

图 2-5　下跌中继平台与底部平台的区别

第二，通过平台走势后突破过程中的特征识别：

（1）增量资金的介入程度。如果平台走势后的突破过程中，增量资金积极介入，成交量是处于有效放大的，那么，比较容易形成阶段性底部。如果平台突破后，成交量不但不放大，反而持续减少，显示增量资金入市不积极，则比较容易形成下跌中继平台。

（2）技术形态与指标状况。平台走势后的突破过程中，如果各项技术指标严重超卖，包括日线、周线，甚至月线在内的技术指标均出现一定程度同步底背离特征，而且底部形态构筑比较坚实，则容易形成阶段性底部；如果指标没有严重超卖，或没有形成同步底背离特征，以及底部形态的构筑没有经过反复夯实的，一般会形成下跌中继。

（3）领头羊的种类与表现。平台突破后，市场中涌现出的领头羊如果是具有一定市场号召力和资金凝聚力，并且能有效激发市场的人气，具有向纵深发展潜力和便于大规模主流资金进出的热点个股，则往往能成功构筑阶段性底部。相反，领头羊是没有号召力、凝聚力，不能激发市场人气，不便于大资金进出的小盘股、超跌股或补涨股，则往往会形成下跌中继走势。

点金箴言

资金运动是股市的本质，缺乏新增量资金介入的股市很难有上涨的空间，而增量资金的介入将会直接表现在市场的成交量方面。下跌中继平台在量能上的鲜明特点就是成交量的不断减少，常常以一种缩量上涨或无量反弹的形式，草草结束平台后的突破走势，然后继续沿着原有下跌趋势运行继续寻底。这种量能上的不配合，揭示了增量资金入市并不积极，因而市场比较容易形成下跌中继平台。一旦增量资金积极入市、成交量逐渐放大，也就意味着真正的底部来了。

抄底必须坚持的原则

任何股票在下跌的时候，都有它大致可确定的下跌空间，一般不会永远跌下去，从反弹和反转两个角度看，都是可以在跌到一定幅度后买进的。

一、不要指望抄底

很多投资者觉得反弹就是底部，一出现反弹就觉得底已经形成，因此怕错过买入时机，所以追涨买入。其实在股价进入下跌趋势后，会出现多次反弹现象。如图 2-6 所示。

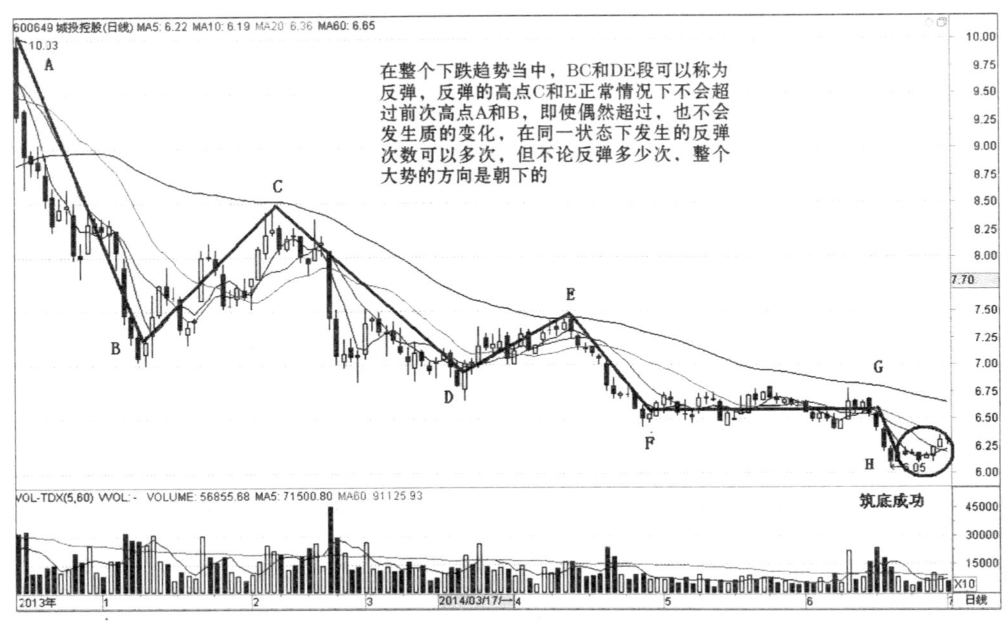

图 2-6　下跌趋势中的反弹示意图

在下跌初期出现的反弹多是主力在进行诱多以便继续出货，此时抢反弹是高风险的行为；而下跌途中的反弹多是空方主力的途中休整，在休整结束后会继续打压股价，这时抢反弹也极易中招。反弹不是底，是底不反弹，只有在股价无力形成反弹时，底部才会悄悄地到来，因此等待底部形态成熟后再开仓买进，是一种稳妥的投资行为。

二、抄底要有耐心，要细心观察

一般构筑一个大底部主力吸筹需要较长过程，少则一两个月，多则五六个月，而且在底部成交量萎缩，大手笔买入极不易，因为下档均为套牢盘，惜售心理较重，故只有几百股、千余股层层设埋伏才能吸到较多筹码。一般底部至少应有两个最佳进货点。不可过早投入重兵，因为底部构筑时间较长，如重兵投入，资金就会被搁死。只有发现底部放量启动时，才可毫不犹豫地以重兵投入，突破颈线位时则加码投入。

三、不要指望买到最低点

最低点就是最低的价格，这个最低价是相对于前期和后期的股价来说的，如果没有前期与后期价格的对比，你就不知道哪个是最低点，因此想要抄到最低点是很难的。那些想要买到最低价的投资者往往会被套住，我们只要能买到一个相对的低价就可以了。临近底部，应坚持“不动如山”。因主力在启动第一波行情后会震仓，投资者不要轻易被主力震出手中底部筹码，至少应坚持两个月以上（沪市最短的中级行情上升期为 8 周）。一旦底部起动，应果断全线投入。

筑底失败与假的底部的区别

底部形态有真假之分，无论是短期底部，还是中长期底部。一般而言，如果是真正的底部，在形成后股价后期都会形成一波上涨。如果是假的底部，在引诱投资者进场后，就会出现下跌的走势。如果投资者不会辨别，就容易上当受骗。

假的底部多出现在下跌趋势中，股价进入下跌趋势后，由于主力没有及时出逃，或是出货没完成，就会做一些假的底部形态诱使投资者进场接盘，以便主力出逃。如图 2-7 所示。

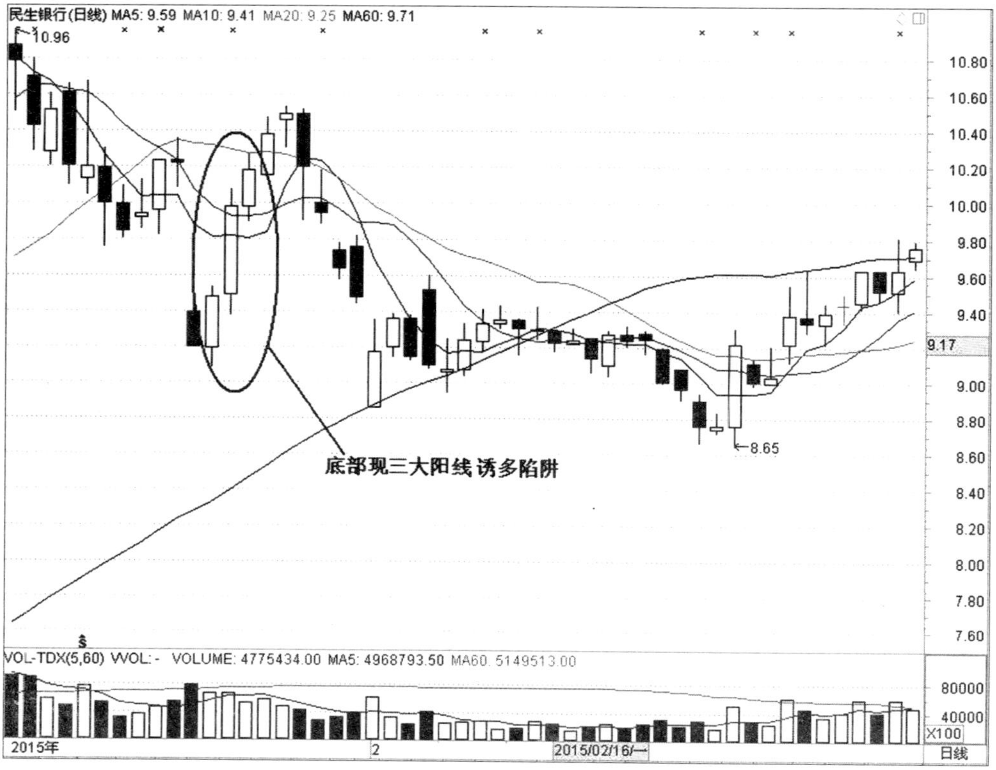

图 2-7　底部现三大阳诱多

而筑底失败的原因有很多，或是股票本身的基本面出现问题，或是大盘趋势突然转弱导致个股遭受牵连，或是主力资金链断裂等我们不知道的原因。在遇到这类股票时，如果已经进入，就要做到及时止损。如图 2-8 所示。

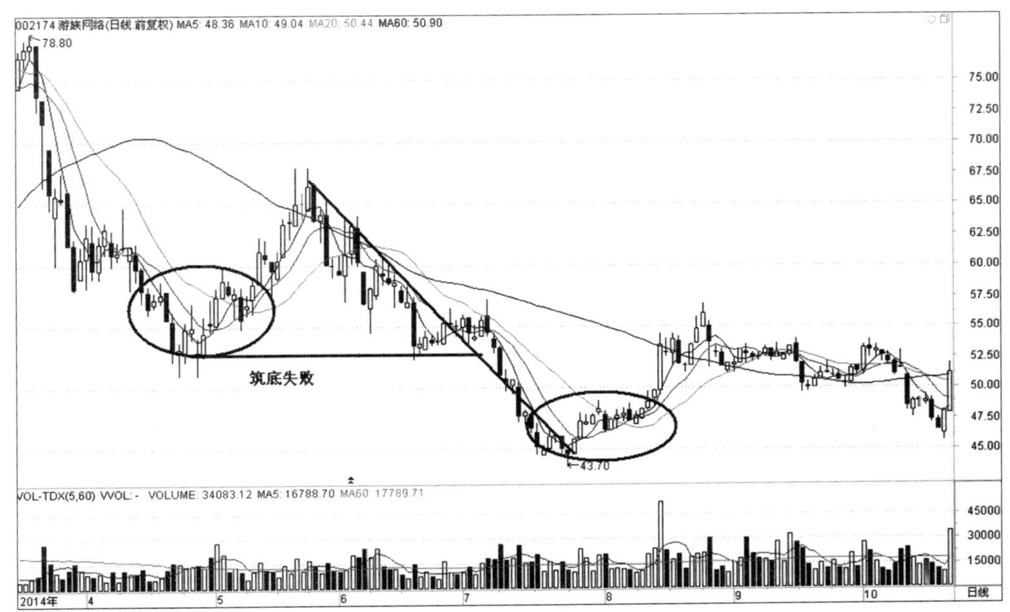

图 2-8 筑底失败后再次筑底

失败的底部形态与假的底部形态都出现在下跌趋势中，出现了具有见底意义的底部形态（头肩底、双底之类），但它们也有很大的区别，在技术上的区别是，失败的底部形态多出现在股价下跌趋势后期，下跌的周期较长，股价的下跌幅度巨大，空头力量已经得到充分释放，出现反弹走势，反弹的力度较高，反弹结束后股价进行回踩时，由于某种原因导致股价再次向下跳落，但下跌的幅度有限，股价再次进入筑底阶段。假的底部形态是出现在下跌途中，股价下跌的幅度较小，下跌的时间较短，空头能量没有得到充分释放，一些短线技术指标出现超卖的现象，虽然出现了具有见底意义的底部形态，却没有明显的底部特征（底部特征包括：市场人气、成交量的情况，均线的走势，各项技术指标的走势等）。

点金箴言

筑底失败就成了假底，假底与真底的共同之处是在下跌趋势中都以放量上涨的形态出现，都常常出现“W”形、“V”形等底部形态，两者的区别在于：假底、真底一般都会向上突破 10 日～20 日均线，且该线的趋势已呈现调头向上之态，但假底很难突破30日均线，这是由于30日、60日均线仍然呈现下跌态势，也就是说构筑真底的期间一般较长，假底构筑的时间较短。从周K线图上看，真底一般以小阴小阳线的形式出现，而假底则往往以阳线的形式展现，且由于短期内成交量过分地放大而导致获利盘增多，必将引发二次探底。真底是在多次下跌反弹后形成的，而假底则是略有小幅下跌即出现反弹，由于跌幅不够深，根本达不到庄家砸盘打压股价的目的，所以只是反弹而非反转。

第三章

根据K线组合识别抄底信号

抄底技术有很多，但见底信号的K线和K线组合是最有效、最直接的分析技术，只要能熟悉掌握并灵活运用见底信号的K线和K线组合，就能把握好买进时机，从而为自己的盈利打下良好基础。

抄底信号：看涨吞没抄底

所谓的“看涨吞没”由两根K线组成，第一根是在经过大阴线、中阴线杀跌后，出现了实体小，有上下影线的K线，第二天，股价再次探底，甚至创出新低，但此后多头入市，将第一天的实体吞没，形成中阳线，甚至将之前的大阴线吞没。

这一K线组合的意义在于扭转了空头下降的气势，宣告了股价底部的形成。要注意的是，看涨吞没出现在超长期的或非常急剧的市场下跌后，最后的空头已接近抛出，股价无力下行，只要有多头入市买进，就会很容易地将股价迅速拉抬推高。一般来说，第二个实体伴有超额的交易量。

看涨吞没形态的识别标准如下：

（1）在看涨吞没形态之前，价格运动必须处在清晰可辨的下降趋势之中，哪怕这种趋势只是短期的。

（2）看涨吞没形态必须由2根K线组成，其中第二根K线的实体必须覆盖第一根K线的实体（但不一定需要吞没第一根K线的上下影线）。

（3）看涨吞没形态的第二个实体必须与第一个实体的颜色相反（这里就无所谓红先绿后，还是绿先红后，只要颜色相反即可）。这一条标准有例外的情况，那就是第一条K线的实体必须非常小，小得几乎构成了一根十字线（或者它就是一根十字线）。如此一来，在下降趋势中如果遇到一个小小的实体被一个巨大的红色实体所吞没，那么也能构成底部反转形态。图3-1为浙江广厦的看涨吞没形态实战案例。浙江广厦自2014年11月7日开始下跌调整，2015年2月6日见底回升。2015年5月7日放带上下影小阴线，第二日放长阳线，将前一交易日小阴线实体完全吞没，并且成交量开始放大，从此奠基了浙江广厦股价加速上涨的趋势。

图 3-1　看涨吞没形态

点金箴言

作为重要的参考要素，如果看涨吞没具有以下特征，那么它们构成底部反转信号的可能性就会大大增强：

（1）在看涨吞没中，第一天的 K 线实体非常小，而第二天的 K 线实体非常大。这种情况说明原有趋势的驱动力正在消退，而新趋势的潜在力量正在壮大。

（2）看涨吞没出现在超长期的或者非常急剧的价格运动之后。如果存在超长期的下降趋势，则价格可能已经朝一个方向走得太远而容易遭受套牢平仓头寸的打击；如果存在非常急剧的价格运动，在这种情况下的价格运动可能缺少足够的新空头，而无力继续推动价格向下运动。

（3）在看涨吞没中，第二天的实体伴有超额的交易量，这种情形属于胀爆现象。

（4）在看涨吞没中，第二天的实体向前吞没的实体不止一个。

抄底信号：十字孕线抄底

一、十字孕线概要

1. 十字孕线的概念

所谓十字孕线，是长K线包短K线的一种特殊形态，即股价在收出一根大阳线或大阴线之后，出现了一颗“十字星”。图3-2为康美药业2015年5月8日的底部十字星孕线，当底部出现十字星孕线后，底部出现10个交易日的横盘整理，最低点出现在5月18日，是抄底的良机，此后股价一路上涨，由35.20元上涨至6月10日的46.50元，涨幅高达32.10%。

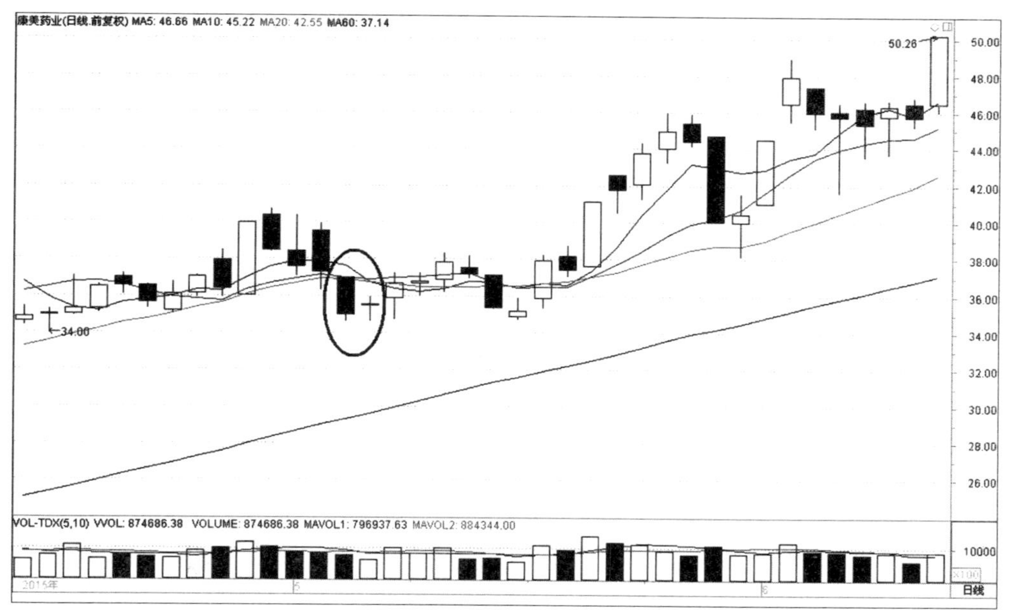

图3-2 底部十字星孕线

一般来讲，十字孕线既可在头部出现也可在底部出现。用于抄底的见底十字孕线表现为：在下跌过程中出现中或巨阴，随后突然出现十字星，为重要的抄底信号。

2. 十字孕线的技术特征和市场意义

通常来讲，十字孕线的技术特征可以归纳为以下几点：

（1）十字孕线是由一根长阳线或长阴线及随后的一颗十字星组合而成。

（2）十字星包含在长阳或长阴的实体之内。

（3）十字孕线代表市场原来的趋势难以维持，原有趋势为下跌，则意味着上涨的概率较高，但并不一定即刻会发生反转。

（4）十字孕线存在变形形态，如十字星变为 T 形线、倒 T 形线等，变为 T 字线的抄底信号更强烈。图 3-3 为中电广通的日 K 线图，2014 年 5 月 9 日出现见底信号更强烈的变形底部十字星孕线后，其股价在三周后飙升 44%。

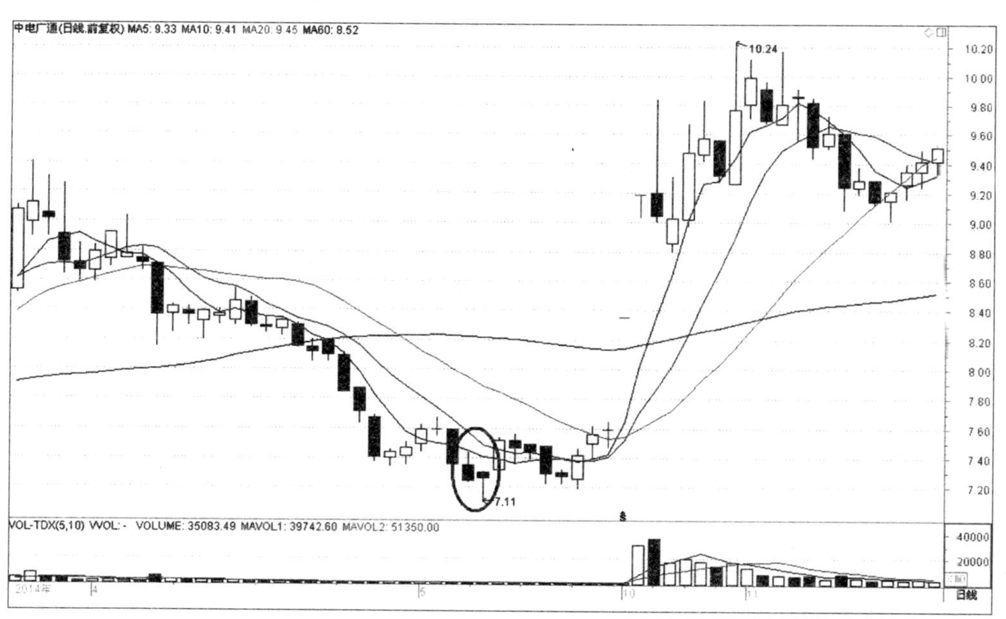

图 3-3　底部十字孕线的变形形态

二、十字孕线的操作策略

实践中，十字孕线出现后，在底部盘整筑底的概率较高，而后出现上扬。经验表明，一旦底部出现十字孕线组合形态的时候，通常股价运动的方向出现了胶着状态，并不一定会出现马上出现激烈的转势，整个股价走势很有可能进入横盘状态，横盘的时间一时难以决定。对于盘面上所出现的十字孕线K线组合，投资者通常没有必要急于介入，应当耐心等待走势明朗之后在低点介入抄底也不迟。如果出现成交量极度萎缩的情形，更应当如此。

点金箴言

值得注意的是，十字孕线K线组合中的十字星与“单根十字星”略有不同。单根十字星往往是由K线实体逐渐变小，演化到极限多空达至平衡的状态反映，它是一个实力渐变的过程，所以它出现的位置是昨日阳线之上（上升趋势中）或阴线实体之下（下降趋势中）。但是，十字孕线K线组合中的十字星却出现在昨日阳线实体之内或昨日阴线实体之内，虽也显示多空实力均衡，但它没有经历渐变，后期走势就容易出现反复，所以其转势信号的准确性较“单根十字星”要弱一些，需结合其他分析方法综合判定。

抄底信号：底部双下影线抄底

一、底部双下影线概要

1. 底部双下影线的概念

所谓底部双下影线，俗称“双针探底”，是K线图中较为常见的底部反转形态之一，是很好的阶段性底部抄底信号。这种形态由两根有一定间隔（或无间隔）的带长下影线的K线组成，此形态出现在价格连续下跌之后，表示价格已经过两次探底，下档有较强的支撑，也就是下降趋势可能即将结束的信号，底部基本确认有效。它经常发生在一段下跌行情的底部，突然有一日收一根带长长下影线的K线，随后市场在很近的时间区域内，再收一根同样带长长下影线的K线，而且这两根K线的最低价非常的接近甚至相同，这种情况下，预示着空头力竭，底部基本确认，市场可能即将转势，多头将展开反攻。图3-4为中小板股票和而泰的走势图，2015年4月20日走出底部双下影线图形，预示阶段性底部来临，此时买入，股价将一路上涨，22 个交易日后，股价由 15.09 元飙升至 37.76 元，涨幅高达 150% 以上。

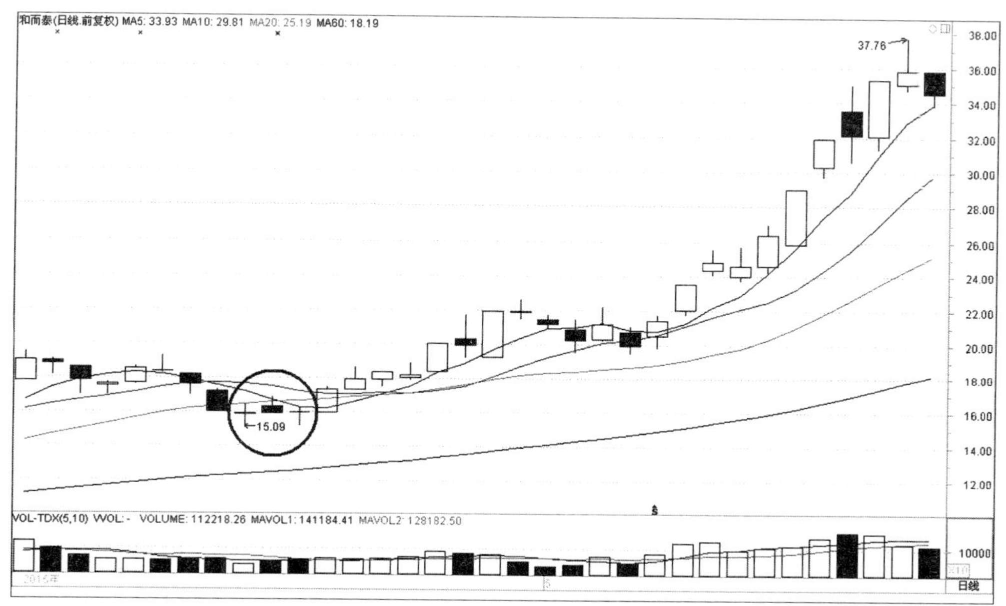

图 3-4　底部双下影线

2. 底部双下影线的技术特征

一般来讲，底部双下影线的技术特征可以归纳为以下几点：

（1）底部双下影线形态发生之前，市场处于下降趋势中，有一天，出现一根带长下影线的 K 线，向下试探市场支撑的力度。

（2）第一日试探市场支撑力度后，市场隔日再次收出同样带一长下影线的 K 线，则表明市场空头已丧失抵抗力，多头已经逐渐掌握了市场主动权，将展开一定级别的拉升行情。如果多头没有反攻，反而震荡下行，则底部双下影线失败。

（3）两条带长下影线的图线可以是相邻的，也可以中间隔有几条其他图线，但总的特征是由两条长下影线组成的。

3. 底部双下影线的市场含义

底部双下影线是一个较为常见的看涨反转信号，经常发生在一个较长期的下跌趋势中。底部双下影线这一 K 线组合中的第二根长下影，其实是对第一个交易日所探底部的再一次试探和确认。如果第三个交易日的股价不能继续创出新低，投资者就可以考虑参与。

二、底部双下影线的操作策略

在实际操作中，对于底部双下影线的操作，投资者应关注以下几点：

（1）股价在前期放量上涨后缩量回调，在长期均线附近出现两次下影K线组合，谓之底部双下影线。一旦股价重返短期均线上方，往往将转入急攻行情，所以在第二次出现下影十字星线的长期均线附近是较佳低吸点。

（2）底部双下影线形态必须出现在低位，如果所处的位置偏高，即前期的下跌幅度小于20%时，就应慎重操作。

（3）底部双下影线形态出现后，股价一般是立即反弹，走出一波气势不凡的上涨行情。但有的股票在底部双下影线形态出现后，仅向上“虚晃一枪”就跌了下来，经过一段时间的调整后，才正式展开上升攻势。碰到这一情况时，投资者应耐心等待，还可适时补仓。

点金箴言

从实战的情形来讲，底部双下影线的“两针”，可以是紧密相连的两条长下影线，也可以是中间隔有几条图线的“两针”走势，但相隔的天数不能过多，多于五条以上图线的“底部双下影线”形态就变成“双底”形态了。但二者操作基本一致。

抄底信号：底部三阳线抄底

一、底部三阳线概要

1. 底部三阳线的概念

在所有技术指标当中，反转的技术信号最引人注目，其中有一种技术图形就是我们常说的“底部三阳线”，它往往是一个阶段性底部的标志。

一般情况下，投资者对于底部三阳线的认识较为片面，认为底部三阳线是指股指出现了连续三根阳线的技术形态。事实上，底部三阳线这一 K 线组合需要几个方面的条件同时出现：第一是在形态上确实出现了连续的三根阳线，并且上涨实体不断增长，这表明市场做多的力量在不断增强，形成了共同的市场认识；第二，就成交量而言，则是稳步温和放大的，这表明上涨得到了成交量的有效配合，是有资金推动的；第三则是在经历了一轮上涨行情后开始持续下跌的尾市，大盘成交也处于相对低迷的情况下出现的（图 3–5）。

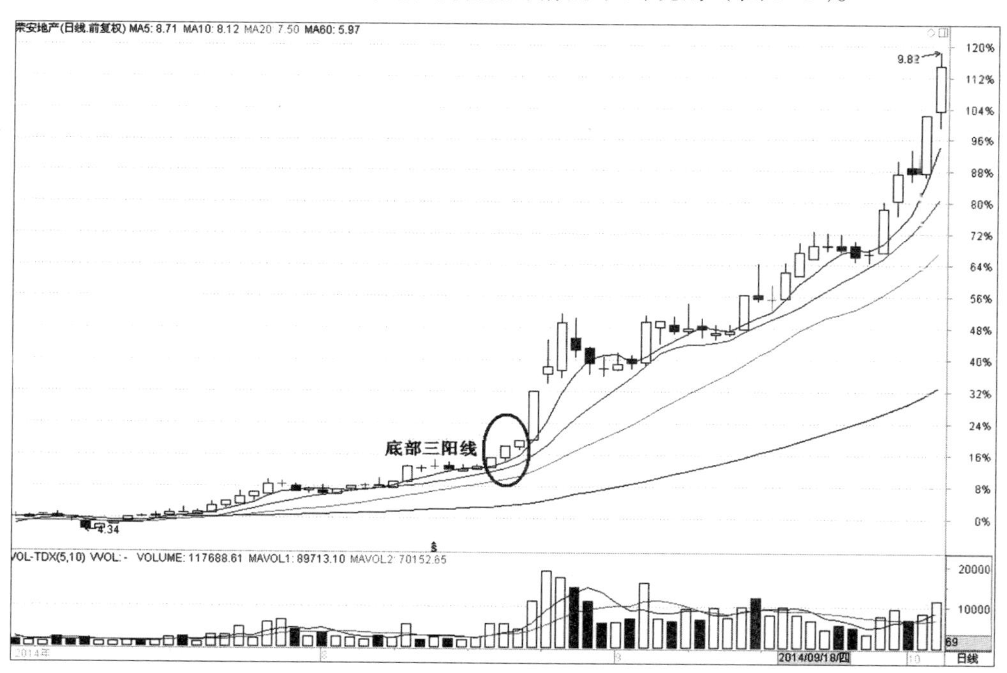

图 3–5 底部三阳线

2. 底部三阳线的技术特征

一般而言，底部三阳线的技术特征可以归纳为以下几点：

（1）个股无论是在第一天、第二天还是第三天，股价均是上升的，所收出的实体均是阳线，因此我们便称之为“底部三阳线”，此乃多头的强烈上攻信号。

（2）在该股收出连续的三根阳线的同时，成交量是同步放大的，即呈价升量增之势。

（3）出现这种技术形态的个股通常是处于底部（相对）和低位（相对），股价通常已经严重超跌。

（4）底部三阳线出现之后，这类个股的 MACD 指标、EXPMA 指标、PRIX 指标、KDJ 指标和均线系统通常会形成黄金交叉或多头排列。

3. 底部三阳线的市场含义

通常来讲，底部三阳线这一 K 线组合的出现，表明盘中的买盘意愿强劲，就成交量而言，其形态是稳步温和地放大，上涨得到了成交量的有效配合，意味着行情是有资金推动的。底部三阳线多出现在市场的底部，股价处于市场底部震荡，空方无力做空，而多方觉得价格经过一阵下跌，处于超卖状态，可以做多；观望者认为做多有利，纷纷入市买进。市场受此合力影响，形成三天连续上涨局面。底部三阳线意味多方力量刚刚起步，随着买盘能量不断地释放，后市将形成真正的上涨。

二、底部三阳线应用要点分析

就底部三阳线而言，其应用要点可以归纳为以下几点：

（1）在一个持续下跌的创新低的市场中，一般是不会出现底部三阳线这一 K 线组合的。换言之，如果市场是持续几年的长期熊市，见底信号不会出现该技术形态，熊转牛的技术形态往往会呈现当日反转的长阳。而“底部三阳线”则一般是在一轮上涨行情结束后进入阶段性调整，后市将创出高于前期高点的行情中出现。也就是在前一轮行情告一段落，市场出现了相对较深的跌幅的时候出现的。

（2）所谓的“底部三阳线”一般而言都是实体较小的，也就是说涨幅多数不会太大，当然，特殊情况除外。

（3）在底部三阳线这一 K 线组合出现时，市场成交往往处于一个相对的地量当中，虽然其成交量在及时、持续地放大，但仍处于较低的水平。

三、底部三阳线的操作策略

在实战中，对于底部三阳线的操作，投资者应把握以下几点：

（1）底部三阳线是市场逐步见底、多方持续加大力度、市场趋于一致的走势，这种走势是一种温和的逆转。对于投资者来说，也是一个较好的参与时机，它通常不会像其他个股一样因为直接涨停而让投资者难以买入。但出现底部三阳线之后往往第四根是幅度更大的阳线，这是一种技术上的确认，此时也是最佳的参与时机。需要指出的一点是，如底部三阳线三根K线上的下影线较长，将失去原有的操作价值。

（2）一般情况下，在股价长期下跌后或者上涨初期出现底部三阳线，是千载难逢的买入机会，后市股价看涨。

（3）如果股价在较长时间盘整中出现底部三阳线的走势，伴随着成交量的逐渐放大，说明该股已有新主力介入，是行情启动的前奏，未来股价看涨。此时，投资者可以予以重点追踪。

从实战的情形来看，底部三阳线或上升整理形态中的底部三阳线K线组合，在温和放量之后，第四根K线缩量收小阴线的概率较大，因此，市场出现底部三阳线K线组合之后，投资者可以不必急着买入，等股价缩量企稳再次放量上攻时，可以大胆跟风买入。

（4）当前期股价上升的幅度不足10%时出现底部三阳线，可视为上升途中的底部三阳线。在这种情况下，投资者可以追加买进。

（5）股价连续回调之后，相对低位出现温和放量底部三阳线组合随后股价在短期整理之后放量上攻；股价连续回调之后，底部出现温和放量底部三阳线组合，投资者应积极买入，因为随后股价将转入上升趋势，启动小波段上攻行情。

（6）注意冲击波特征。股价上升波段初期，底部三阳线出现时即时盘中应以连续冲击波形态出现，如果伴随有冲击波特征，则说明主力还在继续建仓性操盘中。在股价上升段中期，底部三阳线的即时盘中也应以连续攻击波形态出现，攻击时，成交量形成明显的标准“量峰”结构，这是健康特征，说明主力在主动性攻击。在股价上升波段后期，底部三阳线的即时盘中如果出现脉冲型攻击波或者回头波，则说明股价攻击力度减弱，主力随时可能在盘中实施减仓出货动作，股价即见顶了。

四、底部三阳线的特殊形态

通常来讲，底部三阳线有三个特殊形态，即升势递延、升势受阻、升势停顿。

1. 升势递延

升势递延形态基本与底部三阳线有相似之处，不同的是最后一根阳线的上升力度比较大，出现这种形态，股价将会呈上升趋势（图 3–6）。

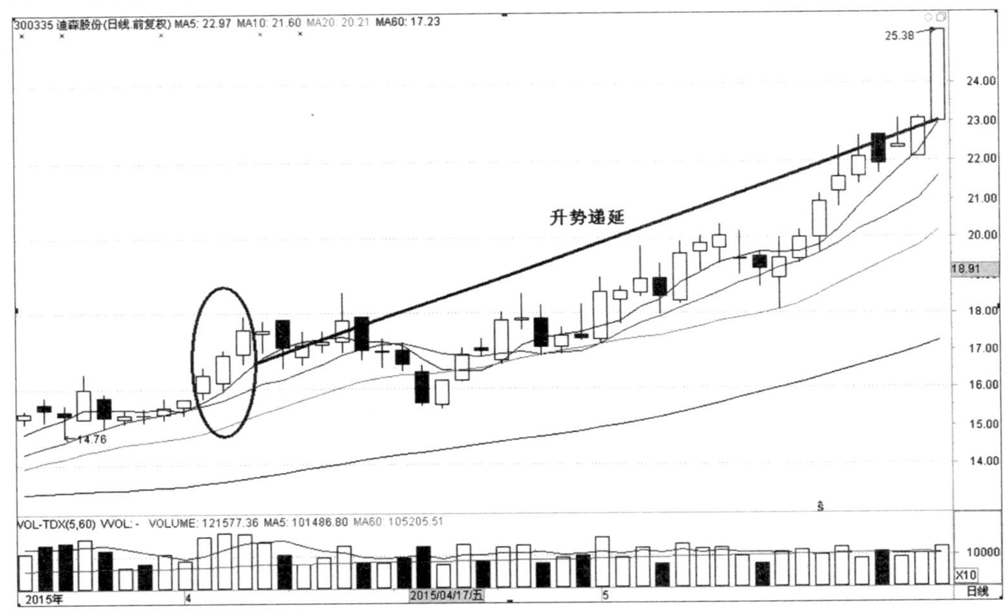

图 3–6　升势递延

2. 升势受阻

升势受阻与底部三阳线有相似之处，不同的是三根阳线逐渐缩小，其中最后一根阳线的上影线特别长，出现这种形态，股价将会呈下跌走势（图 3–7）。

图 3-7　升势受阻

3. 升势停顿

升势停顿与底部三阳线有相似之处，不同的是三根阳线也是逐渐缩小，特别是第三根阳线实体比前两根小得多，出现这种形态，股价将会呈下跌走势（图 3-8）。

图 3-8 升势停顿

点金箴言

需要说明的是，底部三阳线这一K线组合属于一种相对温和的见底反弹信号，它没有突发性和爆发性的特点，不是大逆转行情的标志，而是前一轮较大行情后陷入中期调整后见底的信号。这个前提提醒我们，必须从那些有惊人上涨幅度之后又经历较长时间调整的个股中去寻找此类转折中的抄底机会。建议投资者从那些创出历史新高之后、股价出现了较为深度调整但从基本面判断后市还将出现更高价位的品种中去寻找。另外，在持续上涨行情的途中，底部三阳线通常是不会出现的。

抄底信号：上升三法抄底

一、上升三法概要

上升三法由五根K线组成。在上升趋势中，出现一根大阳线，在该阳线之后，出现三根实体短小、依次下跌的阴线，这些阴线的实体必须处在第一根阳线的开盘价以上，最后一根阳线的收盘价创出新高，将三根小阴线实体吞没。如图 3–9 所示。

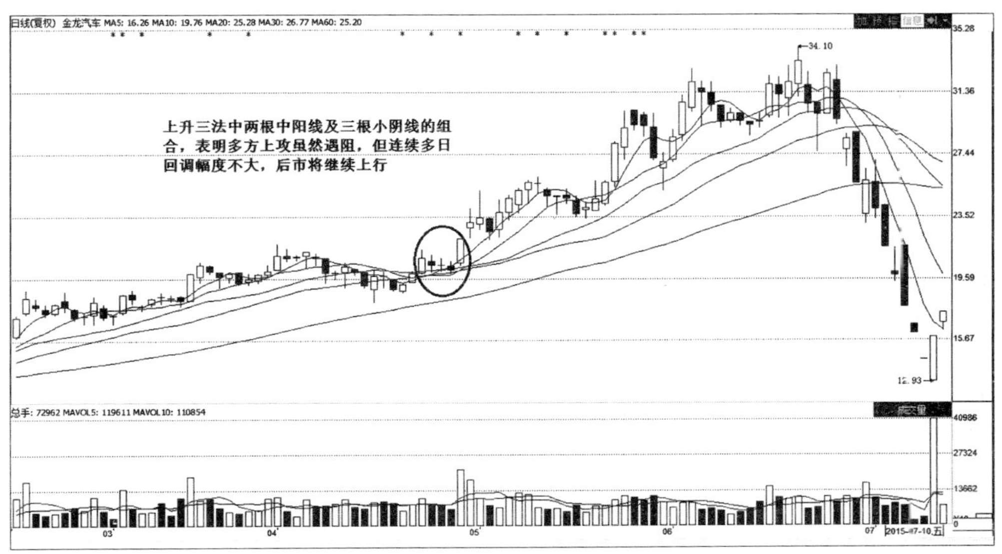

图 3–9　上升三法

上升三法说明多方主导着股价上涨的主旋律，在获利筹码得到释放后，再次拉升股价进入新的上涨行情。上升三法是股价在上升过程中出现的一个调整休息区间，表示股价上涨虽然短暂受阻，但多方力量依然强劲，后市股价将延续形态之前的上升趋势继续上涨。当投资者看到该形态出现后，已经持段者可继续持股，未持股者可以积极买入，等待股价上涨。

上升三法 K 线组合形态出现在上升趋势中，它表示在上升途中多方继续发力上攻，某天再次收出一根大阳线，但此时市场对多方能否持续上攻产生了怀疑。第二天空方力量展开反击，最终取得小胜并收出一根小阴线，第三天、第四天皆是如此。虽然收出三连阴，但是跌幅很有限，这也让多方发现空方无力再向下打压，于是第五天再次发起攻击，并一举击溃了空方。该形态反映了一些持筹不坚定的投资者进行获利了结，市场消化了这些获利盘后，将沿着原有的方向继续发展。

二、上升三法的操作策略

上升三法表示多方没有失去主导地位，依然保持着强势，因而是看涨信号。投资者看到这种形态后可以继续持股观望，如果仍持有现金可进行追涨操作。

当股价在上升过程中出现三根连续的小阴线（黑三兵）时，投资者切勿将其当作转势信号而卖出股票，这样可能会错过之后的上涨行情。最后一根阳线的实体越长，表明后市上涨的力度将越大。

如果出现阳线时的成交量明显放大，而出现阴线时的成交量出现萎缩，则很可能是看涨信号。如果三根小阴线击穿了第一根阳线的最低价，或者最后一根阳线不能突破第一根阳线的收盘价，则上升三法形态不能成立。

在出现上升三法后投资者才介入，很有可能上涨行情只持续一天就下跌了，这样投资者就无法获利。为了解决这个问题，激进型的投资者可以选择在形态最后一根大阳线收盘时及时买入。

点金箴言

在上升三法形态中，头、尾两根阳线对应的成交量较大，而三根小阴线对应的成交量则呈萎缩状。上升三法也存在一些变体，如有时候回调过程中的三根 K 线并非全是阴线，可能有小阳线夹杂其中，或者调整过程中的 K 线数量超过三根等。

抄底信号：底部大阳反转抄底

一、底部大阳反转概要

底部大阳反转出现在下跌市场上，由两根 K 线组成，第一天为一根阴线，第二天为一根阳线。第二天阳线向下跳空低开，开盘价远低于前一天的收盘价；但第二天的收盘价却高于前一天的收盘价，并且阳线的收盘价深入第一天阴线的实体部分中，几乎达到前一天阴线实体一半左右的位置，这就是底部大阳反转（图 3–10）。

图 3–10　底部大阳反转

二、底部大阳反转的特征及形成原理

底部大阳反转的特征为：

（1）出现在下跌趋势中；

（2）由一阴一阳两根 K 线组成；

（3）先是一根大阴线或中阴线，接着出现一根大阳线或中阳线，阳线的实体深入到阴线实体的 1/2 以上。

底部大阳反转的形成原理为：股价在经过一段时间的下跌之后，整体下跌动能开始消耗殆尽，但卖方依然想再创新低，大力打压股价。第一天疲弱的阴线加强了这种预期，第二天市场以向下跳空形式开市，到此为止，卖方力量依然很强大。可是后来，市场上出现大量承接买盘，股价上扬，并最终收出大阳线，并且一般上穿前一阴线实体 50% 以上。卖方开始对手上的空头筹码忐忑不安起来，加上一些一直寻求市场低位待机买进者，市场不能维持在这个低位，可能结束前期跌势，开始回暖，这也是入市做多的一个机会。

三、底部大阳反转的操作策略

（1）通过上面的分析可以得知，底部大阳反转形态出现是一个见底标志，预示价格下跌动能耗尽，后市可能转而上扬，投资者可以制定做多策略。但是，投资者需要知道的是，最初要轻仓，也不要被第一天的大阴线所迷惑，还要观看第三天走势是否上涨，最终确定股价是否将反转上扬。

（2）如果在某个底部大阳反转形态中，第二天的开市价不仅向下突破前一天最低价，同时还突破数天、数周、数月等历史低位或支撑位而后上扬，后市很可能就是不破反涨，形成上扬趋势。

（3）在底部大阳反转做多时，一种参考设定止损的位置是在第二天形成的新低价格水平之上。

点金箴言

底部大阳反转应用于大盘趋势分析中也十分有效，它常常能把握市场的拐点。底部大阳反转出现的次数不多，但非常准确。值得注意的是，用于大盘分析的底部大阳反转形态的技术要求与用于个股分析的技术要求有所不同，由于股指代表的市场容量较大，其短期振荡幅度远远小于个股的股价振荡幅度，因此，在分析大盘的K线图形时，对技术要求的标准可以适当放宽，只要大致符合底部大阳反转的基本条件就可以了。

抄底信号：低档五阳线抄底

一、低档五阳线概要

低档五阳线出现在下跌行情中，在低价区连续拉出5根阳线，并且这5根阳线多为小阳线。如图3-11所示。

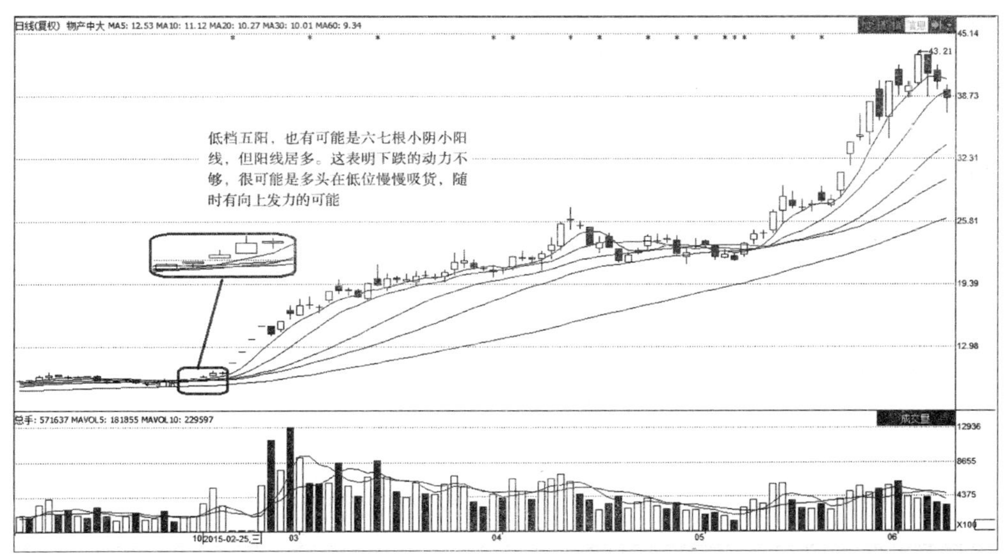

图 3-11　低档五阳线

低档五阳线的形态要点如下：

（1）低档五阳线形态出现在下跌途中的相对低位。

（2）之前是一根大中阴线，之后连续出现多根小 K 线，但小阳线居多。

（3）低档五阳线形态与低档盘旋的前期形态类似，但两者的走势相反，投资者应注意行情的演变。

二、低档五阳线的操作策略

低档五阳线的出现预示着股价可能已经见底或者到了一个阶段性底部，这是一种买入信号。低档五阳线说明逢低吸纳者多，买盘强劲，股价底部形成，后市上涨的可能性极大，是买入良机。此时投资者可逢低适量买进，大盘风险不大，短线获利机会较多。

如果在经过长期的大幅下跌之后，在低位出现低档五阳线形态，投资者可以轻仓跟随，但要注意后期行情突破整理平台的方向选择，若向上突破，可以顺势加仓，若向下跌破平台，则是低档盘旋形态，应止损出局。在相对高位或明显的下跌趋势中出现低档五阳线形态，大部分会演变为低档盘旋形态，投资者不要轻举妄动。

点金箴言

投资者需要注意的是，低档五阳线不一定都是5根阳线，有时也可能是6根或7根小阴小阳线，但以阳线居多。在下跌持续一段时期后，K线图连续出现了5根阳线（有时可能是6根或7根），表示在此价位多方承接力量较强。

抄底信号：底部三颗星抄底

一、底部三颗星概要

底部三颗星是指在低位连续出现三根十字星。该K线组合出现后，价格多会止跌企稳，继而出现一段上涨行情，投资者可以择机介入，如图3-12所示。

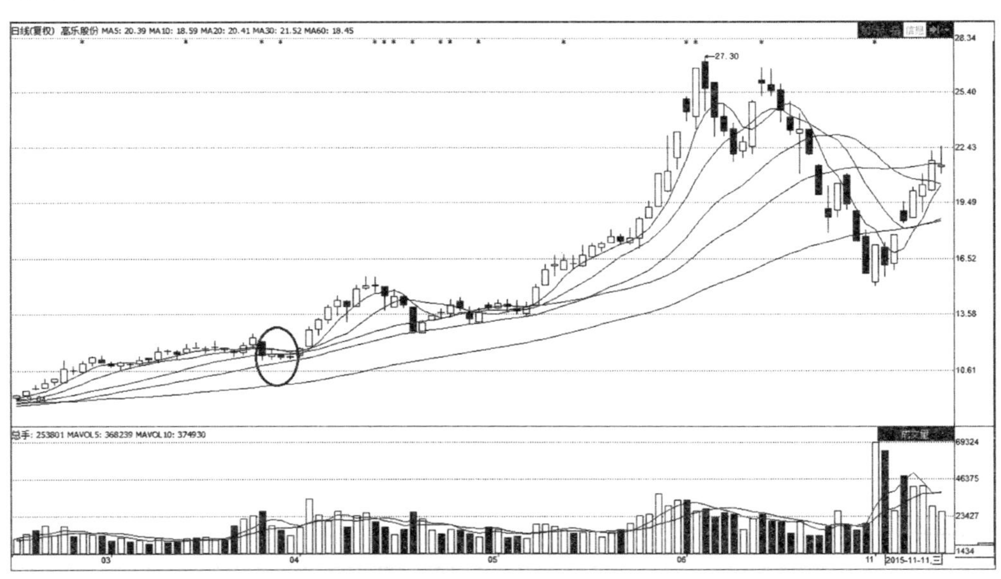

图3-12　底部三颗星

底部三颗星的特征为：三根十字星应出现在一段深跌后的低位；三根十字星应呈横向排列或逐渐上涨的排列；第一根十字星的前面应是一根较大的阴线；多于三根十字星的走势也按三根十字星底部形态操作；三根十字星不分阴

线、阳线，但最好全是阳线。在一波凶悍的重挫发生之后，第一根十字星表示空头抛压减轻，多头试探性入场；第二根十字星意味着多头继续入场，空头仍顽强抵抗；接下来，空头转入防守领域，多头已开始组织进攻。如果十字星逐级升高，则后市反转的可能性会逐渐增大。

二、底部三颗星的操作策略

底部三颗星形态发出的是底部企稳信号，投资者看到此形态成立后，应积极准备买入股票。底部三颗星形态中的三颗十字星线如果能够呈逐级升高排列，则后市反转向上的可能性更大。需要注意的是，在操作底部三颗星时，应根据第三根十字星的涨跌变化决定进场时间；第三根十字星为阳线时，可在当天做多；第三根十字星为阴线时，则应等到第二天价格向上突破第三根十字星的开盘价后方可进场。投资者如果能结合成交量和技术指标分析，将会大大提升该形态的准确性。

点金箴言

底部三颗星形态只有出现在一段深跌之后才有意义，在正常的上涨途中出现该形态对股价的影响并不大。三颗十字星线可以是十字线，也可以是小阴小阳十字线，但阳线出现后，该股上涨的可能性会更大。

抄底信号：十字星抄底

一、十字星的概要

十字星是 K 线的一种基本形态。在 K 线中，开盘价到收盘价之间的价格段称为实体，价格波动超出实体之外的部分称为影线，实体上下都有较实体长的影线时叫“十字星”。

能够作为建仓信号的十字星形态，出现的位置都是在股价下跌的最底部。前期持续性的下跌走势已让空方的力量消耗殆尽，虽然股价还在不断地创新

低，但成交量却不断萎缩。当股价下跌至底部的时候，成交量已萎缩至最低点，这时候出现的十字星形态是多方力量和空方力量不相上下、相互争夺后的结果。底部十字星之所以能够作为建仓的依据，是因为形成十字星的时候，多方和空方显然是经过了一番争斗，多空双方力量均衡的结果就形成横盘的十字星形态。一旦多方的力量稍微增大一些，那么股价就会形成阳线突破十字星所在的价位。大阳线突破的力度越大，表明多方力量越强大，确立的上升趋势就会越明确。

二、十字星的操作策略

1. 底部十字星

一只长期在底部盘整的个股，突然有一天跳空高开，小幅收高后，不巧遇到大盘大跌，但最后还是收了一个有跳空缺口的十字星，这种跳空十字星又叫启明星，其意义非常重要，投资者可逢低介入。如图 3-13 所示。

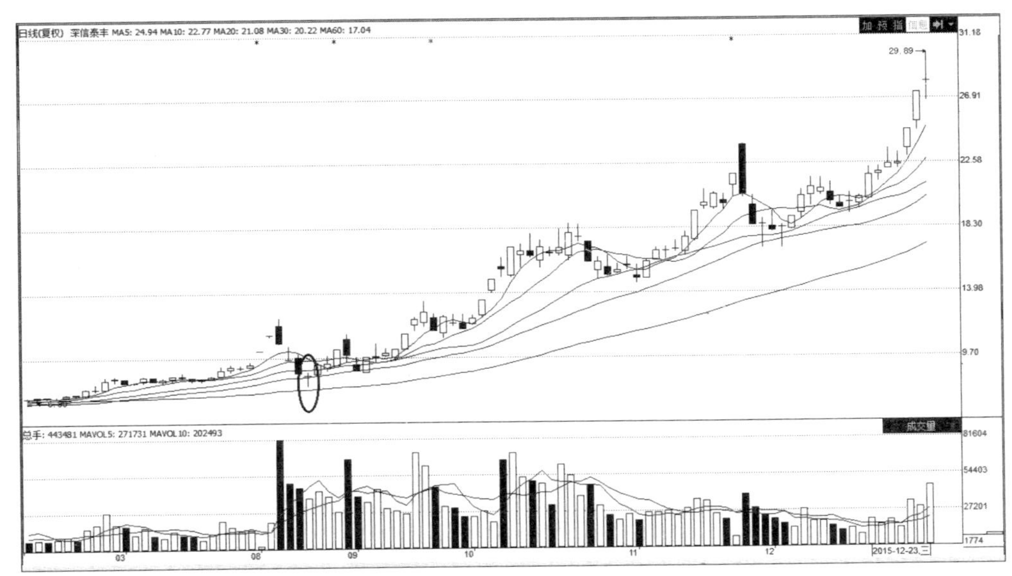

图 3-13　底部十字星

出现底部十字星后，投资者还要注意以下两点：一是判断跳空缺口是否会被回补；二是看后期是否会放量上涨、缩量整理，以判断其个股后期走势的有效性。

2. 上涨中期十字星

一只个股在正常上涨通道中，一日拉一光头阳线，大多中、小投资者一致看好。谁知第二天平开，只是上下小幅震荡，并没有出现想象中的强势。第一天追涨的人，又担心有回调的可能，会有很多人逢短期高点卖出。结果第三日却收一根长阳线，拉升就此展开，让第二日卖出的投资者痛心疾首。上涨中期的个股第一天收阳线，第二天收“十字星”，是主力的一种震荡洗盘的手法，故意做出上涨无力的样子，缩量收十字星是其表现要点。

三、十字星抄底的注意事项

1. 从量能方面分析

出现十字星走势后，行情能否上升，并演变成真正具有一定动力的强势行情，成交量是其中的一个决定性因素。构成十字星前后，量能始终能保持温和放大，十字星将会演化成阶段性底部形态；如果形成十字星走势时成交量不能维持放大，显示市场资金多处于疑虑观望状态时，则将容易形成下降中继形态。

成交密集区是市场行情走向的重要参照物，投资者可以此判断十字星所处的高低位置。所形成的十字星离上档成交密集区的核心地带越近，将越容易形成下降中继形态；所形成的十字星离上档成交密集区的核心地带越远，则越容易形成阶段性底部形态。

2. 十字星之后有大阳线加以确认

十字星之后出现的大阳线，既是前期持续性阴跌走势的一个终结，也是对今后上涨趋势的确认。从这两点来说，十字星之后出现大阳线就是十分必要的。阳线越大，吞噬掉的K线越多，说明主力的力量越强大，今后拉升的幅度才会越高。而且大阳线必须有成交量的配合，大阳线虽然是看多信号，但如果没有成交量的放大，股价能否持续性上涨是非常值得怀疑的。

3. 从行情热点分析

如果热点趋于集中，并且保持一定的持续性和号召力，就会使增量资金的介入具有方向感，有利于聚拢市场人气和资金，使后市行情得以健康发展。如果行情热点并不集中，而且持续性不强，热点呈现多方出击态势，则说明热点缺乏号召力和资金的凝聚力，不能有效激发稳定上扬的市场人气。此时，热点将逐渐趋于大面积扩散，容易造成市场有限做多能量的迅速衰竭，从而使所出现的十字星最终演化为下降中继形态。

4. 从市场走势方面分析

如果股指处于反复震荡筑底的走势中，出现的十字星大多属于阶段性底部形态，投资者可以适当参与。如果股指处于下降通道中，此时形成的十字星大多属于下降中继形态，投资者不要轻易买进。

点金箴言

在利用底部十字星抄底时，投资者应注意以下三点：

其一，十字星是股市交易中经常遇到的K线形态，出现在不同的位置，其技术含义是不同的，如十字星出现在底部则表明多空力量正趋于平衡，且多头力量逐渐增强，个股有望止跌回升。

其二，单纯一根十字星往往并不能断定股价是否已经见底，投资者还应观察第二天的走势，如第二天出现放量阳线，则见底的信号更加明确。

其三，如果一交易日大盘中许多个股同时出现了十字星，则表明大盘将要见底，如有几十只个股同时出现了十字星，则表明大盘已经企稳回升。

抄底信号：低位孕线抄底

一、低位孕线概要

孕线即前一日的K线包着次日的K线，是由两条K线组合成的图形。组合形态与抱线相反，第一条K线为长线，第二条K线为短线，第二条K线的最高价和最低价均不能超过第一条图线的最高价和最低价。这种前长、后短的组合形态，形似怀有身孕的妇女，所以称为“孕线”。孕线孕育着希望，表明大盘趋势随时都可能会反转向上。如图3-14所示。

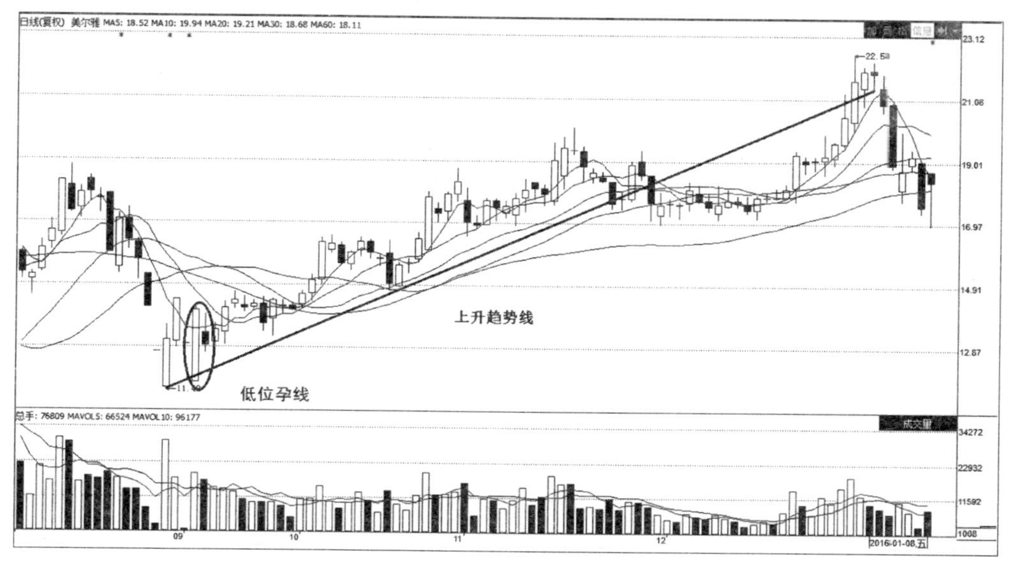

图 3-14 低位孕线

低位孕线是指经过一连串的阴跌或整理之后，某一日出现了一根 K 线（大阴线或大阳线），次日又出现了一根 K 线（小阴线或大阴线），其上下的幅度都没有超过前一个交易日的幅度。孕线分为阳孕阴、阴孕阳、阳孕阳、十字孕线等。在低价区，上述 K 线组合均为买入信号。

二、低位孕线的操作策略

（1）低位孕线形态中后一根 K 线可以是小阳线、小阴线或者十字线。这根 K 线的实体越小，说明市场上的多空分歧越严重，该形态的看涨信号也就越强烈。在后一根 K 线位置的成交量越大，说明多空争夺越激烈，未来股价上涨的可能性也就越大。

（2）按照低位孕育形态买入股票后，投资者可以将止损位设定在前一根阴线的收盘价上。股价一旦跌破这个位置，说明下跌行情还在继续，这时投资者应该将手中的股票卖出止损。

三、低位孕线抄底的注意事项

投资者在运用低位孕线时，应注意以下几个方面的内容。

（1）左边的K线为实体阳线时，可以带有上下影线，如果是光头光脚的中阳线或大阳线并伴随着成交量放大，可信度会比较高。

（2）右边的K线实体可以是阳线也可以是阴线，但是绝对不可以超过左边阳线的K线实体。右边的K线也可以带有上下影线，但是影线越短越可信。

（3）低位出现的阳孕阴孕线多为大底信号，孕线形成后大盘会出现一波中级以上的上涨行情。投资者应多加关注此处的孕线形态，一旦确认，就应该果断进场，以免错失买入良机。

点金箴言

需要注意的是，低位孕线是可信的买入点位，但要严格分析孕线是不是处于真正的低位，若孕线处在下降途中，则是卖出信号。

抄底信号：平底线抄底

一、平底线概要

股价下跌到低位后，出现了两根最低价为同值的K线，这就是平底线。平底线又称镊底或平头底，该K线组合有多种形态。如图3-15所示。

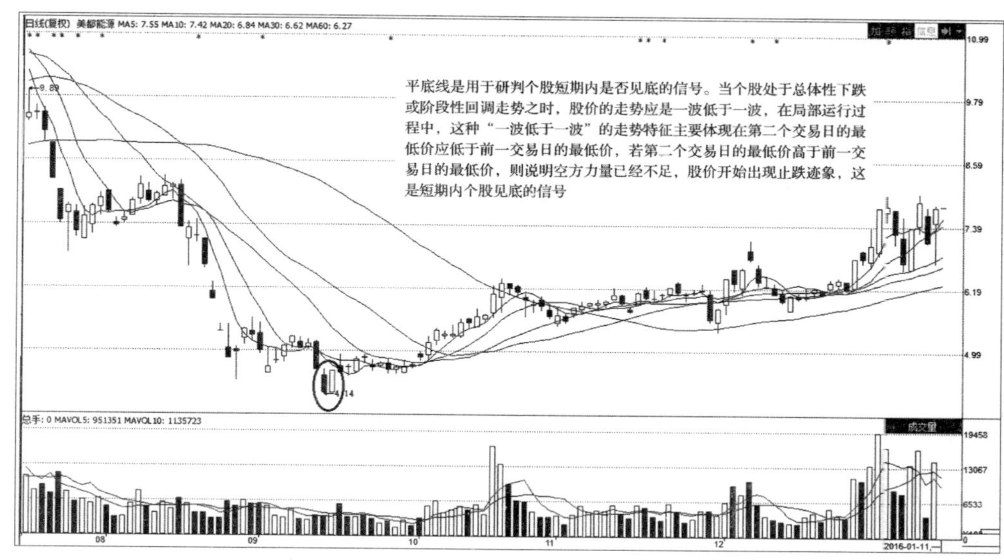

图 3-15 平底线

平底线的特征如下：

（1）出现在下降趋势中或多头回档阶段，两根 K 线的最低价相同或相近。

（2）两根 K 线阴阳皆可，标准形态为前阴后阳。

（3）后一根 K 线的最高价如果超过前一根 K 线的最高价，底部信号更为强烈。

（4）两根 K 线的最低价最好是相同的，相差几分钱也可以接受，但是如果相差太大，就不要作为平底 K 线来看。

（5）标准的平底线由两根 K 线组合而成，实际操作中，平底 K 线中间也可以夹带几个小实体 K 线。

二、平底线的操作策略

（1）平底线可以在任何位置出现，但是只有处在大底低位和波段低位的平底线才是可信的做多信号。例如，出现在下降途中的平底线有时也显示做多信号，擅长短线操作的投资者可进场抢反弹，一般投资者则不宜操作。

（2）在下降行情中出现的平底线与大底低位的平底线有时很不好区分，

因为有的股票在下跌过程中，很难判别它是处在下降途中，还是已经跌到大底的底部。有的股票一跌就是几年，跌幅可达90%以上，这样的股票，无法判断它的底在何方。尽管如此，我们还是要想方设法将它们区别开来。

其办法是：除了用股价下跌的幅度进行研判外，还可用前期的低点（包括历史低点）作为研判的依据，如果股价跌到前期的低点附近出现了平底线，则可视为低位平底线，投资者可放心做多。在上升途中出现的波段低位平底线，则要看是出现在哪一波段，只要是出现在第一上升波段或第三上升波段的平底线，投资者均可放心操作。但在其他位置出现的平底线，投资者就应慎重对待了。

需要注意的是，平底线一般是由两条相邻的K线构成，但两条K线之间夹有其他K线（一般不超过3条K线）、最低价为同值的K线，也可视为平底线。这种有间隔的平底线，做多信号有时比相邻两条K线形成的平底线的信号更为可靠，投资者可放心操作。

点金箴言

平底线不分阴阳，前阴后阳、前阳后阴、前阳后阳、前阴后阴均可，它们所显示的见底信号没有差别，投资者可放心操作。只要是处在低位的两条图线的最低价同值，就是可操作的平底线。该形态是较为可信的见底信号。依据该形态做多的投资者，一般能获得5%以上的收益。平底线出现的频率也很高，可出现在任何部位，但只有处在低位或波段底部低点部位的平底线才是可信的买入信号，其他部位出现平底线时就要慎重操作。

抄底信号：倒锤头线抄底

一、倒锤头线概要

“倒锤头线”一般出现在下跌途中，其阳线（阴线）实体很小，上影线大于或等于实体的两倍，一般无下影线，少数会略有一点下影线，属于见底信号，说明后市即将上涨，其实体与上影线比例越悬殊，信号越有参考价值。如图 3-16 所示。

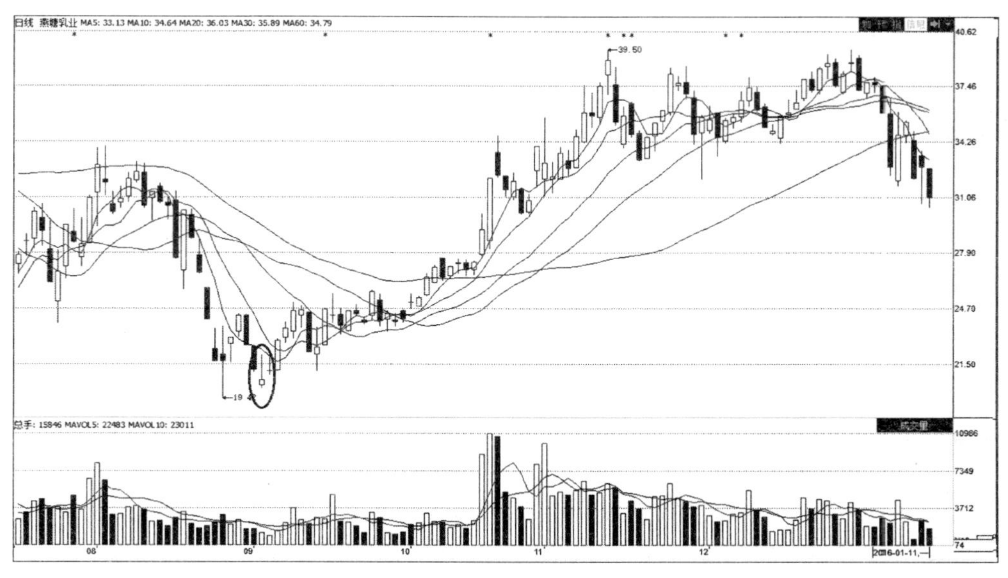

图 3-16 倒锤头线

如“倒锤头”与“早晨之星”同时出现，见底信号就更加可靠。投资者在遇到这种 K 线形态的时候，可适量逢低吸纳。

倒锤头 K 线的确认原则如下。

（1）上影线至少为实体长度的 2 倍。

（2）真正的实体处于当天成交价格幅度的下端。

（3）没有下影线或下影线很短。

（4）如果第二天为强上涨的行情，则更能说明倒锤头线的存在。

倒锤头线表示多方在盘中推动股价大幅上涨，虽然股价最终被空方打压，但市场上多空僵持的局面已经形成，多方力量正在复苏，空方可能已经无力继续打压股价。因此，倒锤头线是股价已经见底、即将反弹的信号。

二、倒锤头线的操作策略

倒锤头线对 K 线的阴阳没有规定，不过如为阳线，其转势的可能性往往要比阴线高。实战中，由于仅以一根 K 线来研判，此倒锤头线只能作为次要转势信号，所以最好结合趋势与次日交易情况进行研判。只有倒锤头线出现在下降趋势末端时，才具有看涨的意义；如果倒锤头线出现后，次日股价向上跳空或者收出一根阳线，其转势向上的信号就越强。

在倒锤头线完成后如果股价继续高开高走，就说明多方力量还在增强，这时投资者可以先买入部分股票建仓。

如果股价突破倒锤头线的上影线，说明空方已经无力再打压股价，上涨行情已经完全确立。这时投资者可以继续加仓买入股票。但是如果股价跌破倒锤头线的最低点后再创新低，说明空方仍在主导行情。之前多方主导的上涨只是一次小幅反弹，无法改变股价长期下跌的趋势，这时投资者应该将已经买入的股票卖出止损。

点金箴言

由于倒锤头线是次要反转信号，因此一旦出现后，等待次日的验证就显得十分重要。设定止损位是我们必须要做的，出现倒锤头线当日的最低价，往往就是一个很好的止损位，一旦股价跌破该价位，则说明用其判断底部的方法已失效，投资者应及时止损出局。

抄底信号：底部倒山形三阴线抄底

一、底部倒山形三阴线概要

底部倒山形三阴线是三条阴线组成的倒山字形图形，俗称底部三鸦。如图3-17所示。底部倒山形三阴线多出现在股价深跌后的低位，是典型的见底买入信号，投资者可放心做多。该图有时也出现在其他位置，但没有实际意义，可不予理会。

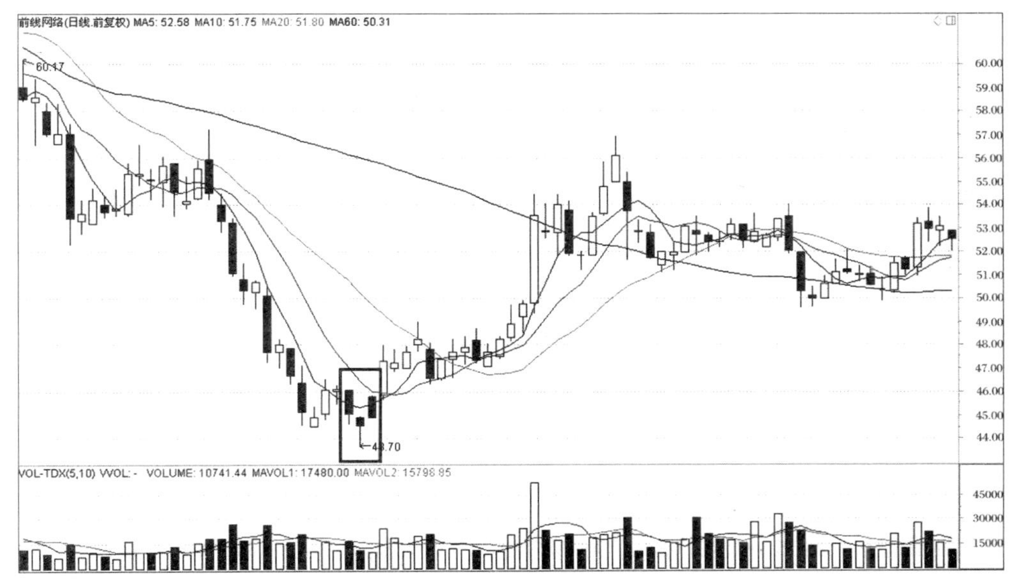

图 3-17　底部倒山形三阴线

底部倒山形三阴线的形态特征如下。

（1）三根图线一般由中阴线组成，实体的长短应大体相当。

（2）该形态的第二条图线一般平开，低开更好，如留有较长的下影线，其见底的有效性更高。

（3）第三根图线一般是向上跳空高开，高开的幅度应与前两根阴线实体的长度相当，略小也可，但不宜太小，收盘价最好在第二根线的开盘价之上，如果第三根线的收盘价收到第二根线的实体内较下的地方，则不能按底部倒山形三阴线图线操作。

二、底部倒山形三阴线的操作策略

（1）要认真分析底部倒山形三阴线形态是否处在低位，这是后市能否获利的关键所在。通常，判断是否处在低位的办法是观察该股前段下跌的幅度，若前段下跌的幅度超过 30%，就可视为处在低位，即使不是底部，但股价下跌了 30%后，绝大多数股票会出现一次明显的反弹，抓住了这次反弹，也会取得不错的收益。

（2）底部倒山形三阴线形态中的第二根阴线如果带有较长的下影线时，则应大胆做多。因为长下影线本身就是一个可信的见底信号（即下浮底部线），这两种见底信号的叠加，显示见底更加有力，操作起来更令人放心。

点金箴言

完全符合前面说的三个特征的底部倒山形三阴线形态是不多见的，所以底部倒山形三阴线形态不能像其他形态那样硬性要求，只要是相似或近似就可。这些相似或近似的K线组合与标准形态的底部倒山形三阴线所显示的信号同样可信，投资者可放心操作。

抄底信号：多方炮抄底

一、多方炮概要

“多方炮”往往出现在一段横盘整理行情的尾端或者上涨行情中，在K线图上，首先出现一根阳线。之后一个交易日股价低开低走，收出阴线，这根阴线的实体完全依附在前一根阳线的实体内部。再以后一个交易日，股价低开高走，最终收阳线，这根阳线将前边的阴线完全覆盖。如图3-18所示。

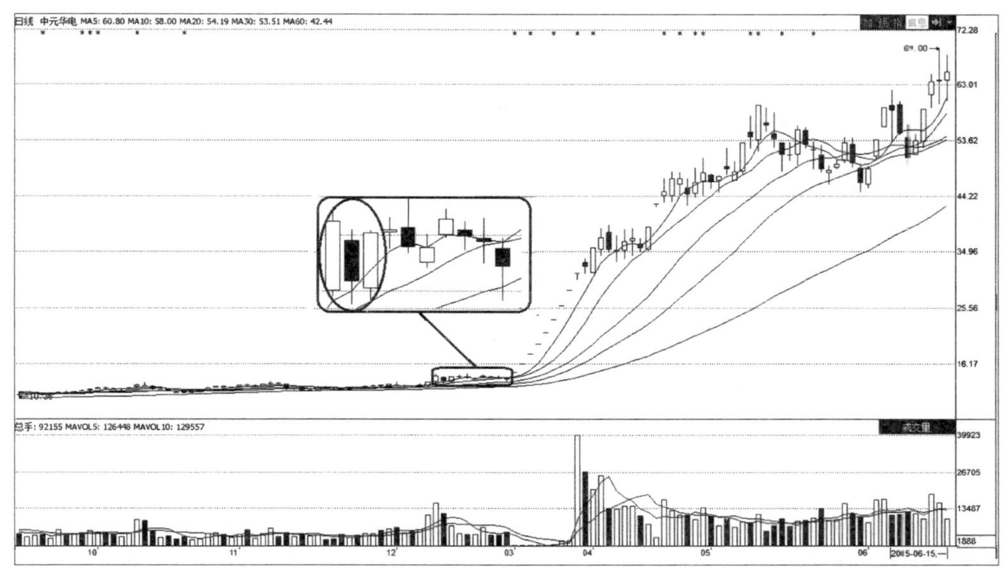

图 3-18　多方炮

多方炮形态是主力洗盘的常用手法。首先，在第二个交易日股价下跌，这就会有大量散户看空后市，从而将手中的股票卖出。而股价在最后一个交易日上涨，之前卖出股票的散户往往不会再买入，此时跟风买入的是一批新的散户，这样主力就成功抬高了市场上散户的平均持股成本，完成洗盘。主力洗盘是为了继续拉升，因此，多方炮是一个看涨买入信号。

多方炮通常意味着多方暂时占据优势，但是，后续能否继续上涨，还要结合其他情况来分析。而有一根阳线是以涨停的方式所形成的“多方炮”形态，往往显示出更强的上涨欲望。若是前后的两根阳线都是以涨停收盘，而且中间阴线的跌幅极其有限，那么此种形态比起一般的多方炮形态，在操作的可靠性方面往往也要高出很多，同时表明股价短期上涨的空间通常较大，是最为强势的多方炮组合形态。此种形态一旦出现，往往也就意味着一波大涨行情将就此展开。

二、多方炮的操作策略

在实盘交易中，多方炮是非常常见的一种 K 线组合形态，但主力“造假”的可能性也是非常大的。多力炮常出现在庄家洗盘的过程中。如果收出阴线的同时成交量萎缩，之后又温和放量，则说明洗盘效果明显，后市看涨信号更为强烈。为了避免被清洗出局，投资者应该保持警惕，不要轻易卖出股票。

（1）股价在出现多方炮之前应该有一段时间的下跌调整过程，调整完成之后股价重新回到短期均线之上并且有了一段上升空间。在股价下跌的过程中，为今后多方炮的形成创造了条件。而股价重新站在短期均线之上不断地上涨，正是多方发动反攻的结果，股价将在今后进一步走向强势。

（2）在下跌行情中，尤其是经过大幅下跌之后出现多方炮形态，表示多方开始向空方开炮。走势应在多空双方的激战后发生变化，股价会止跌反弹或见底回升，投资者可以适量买入股票，持股待涨。在上涨初期或上涨途中出现多方炮形态是上涨中继信号，表明股价经过短暂休整后仍有继续上升的空间，投资者可以适度追涨。

（3）第一根阳线突破中期的均线，这样就证明了股价上涨的趋势已经开始形成。如果股价能够再创新高来确认上涨的趋势，就说明投资者可以继续看多。第一根阳线也是多方炮形态的开始，指引了股价的上涨趋势，以后的一阴一阳就是再次确认趋势的过程。缩量下跌是对第一根大阳线趋势的调整，只要趋势是向上的，阴线调整的幅度就不应该过大，以不跌破中期移动平均线为准。

（4）在多方炮的最后一根阳线位置，该形态已经基本可以确定。此时主力的洗盘目的已经完成，拉升即将开始，投资者可以趁这个机会先少量买入股票，建立一定的仓位。在多方炮形态完成后，如果股价继续上涨，突破了两根阳线的顶端，就说明主力已经开始拉升股价。此时投资者可以继续买入，完成建仓。

（5）如果股价跌破两根阳线中较低的一个开盘价，就说明该形态失败，此时可能是主力认为洗盘效果不明显，要继续洗盘；也可能是主力已经利用多方炮的骗线完成出货，在这样的情况下，投资者最好先将手中的股票卖出继续观望。

点金箴言

多方炮形成之后，如果不是“哑炮”的话，主力一定会再次拉升股价的。只要多方炮之后股价继续放量上涨，那么基本上就可以确认多方炮的形态已经形成，这是投资者买入股票的最佳时机。以多方炮为标准买入股票的投资者，应该把止损位定在该形态三根K线的最低价上，一旦之后几日股价跌破该位置，表示多方炮变成了哑炮，投资者应止损出场。

抄底信号：跳空涨停板抄底

一、跳空涨停板概要

在股价处于底部的时候，调整到位的股价并未下跌，而是以跳空拉升的方式，顺利进入牛市当中。只要股价估值还不是太离谱，市场上涨的趋势比较显著，向上跳空的突破性缺口也就是牛市的开端了。投资者在这个跳空的突破性缺口之后开始建仓，那么后市收益就比较可观了。如图3-19所示。

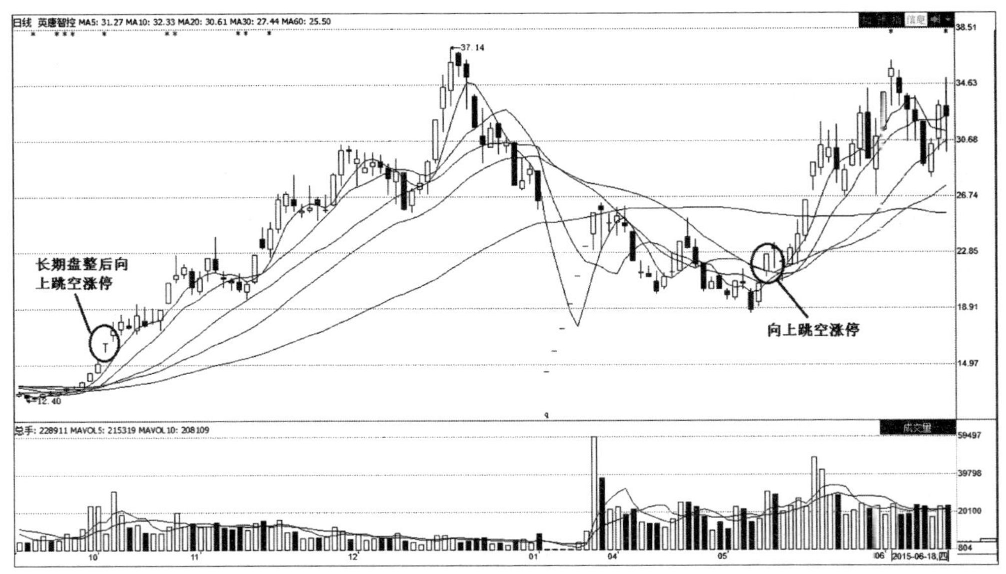

图3-19　向上跳空涨停

跳空后放量涨停造成的缺口，是比较显著的看涨信号。缺口之所以能够产生强势的看涨信号，与出现缺口跳空高度和成交量放大程度密不可分。在高开涨停板的突破性缺口处抄底买入股票，将是个不错的机会。缺口出现之后，成交量若能够持续放大，并且股价继续强势上攻的话，更是投资者介入的大好机会。多数个股都是在突然间放出天量涨停后，继续后期的强势上攻行情的。跳空涨停的突破性缺口，成为今后股价上涨的重要支撑位置。

二、跳空涨停的操作策略

突破性缺口要想成为抄底的信号，应该具备以下三个重要的特征：

1. 接近涨停板的缺口

也就是说，股价跳空上涨的缺口非常大，是以涨停板开盘的。或者说，个股就是在底部短暂见底调整后出现了一字涨停板。这个涨停板出现后形成的突破性缺口，将对股价今后的牛市行情起到非常大的促进作用。

2. 放大三倍以上的成交量

出现缺口的时候，由于股价能够波动的空间非常小，若股价涨停的话，投资者因为买不到股票会使得成交量并不太大。但是，缺口出现之后，成交量是必须放大的，只有这样，股价的冲高才是有可能的。

3. 缺口出现后的三天内强势上攻

出现缺口之后，投资者之所以还能够大量买入股票，是因为缺口起到了相应的支撑作用。若缺口马上被回补的话，基本上就失去了抄底的价值了。只有缺口出现三天内强势上攻的股票，才更具有看涨的可能性。买入这种缺口之上放量拉升三日的股票，即便不算是最佳的抄底位置，今后的收益也有保障了。

点金箴言

股票的中长期低位区，突然出现的放量跳空涨停，这往往是个股短期内快速上涨的信号，大胆者可追涨买股布局。

第四章

根据K线形态分析抄底

K线形态分析是最基本的技术分析之一，是股市分析中不可以缺少的一门技术。形态分析可以预测未来的方向，可以预测未来趋势的量度，熟练掌握K线形态分析会令你在股票市场中如鱼得水。

V 形底抄底法

一、认识 V 形底

V 形底，也称单尖底，是一种反转形态，它出现在市场剧烈的波动之中。它的顶或底只出现一次，这一点同其他反转形态有较大的区别。如图 4-1 所示。

图 4-1　V 形底

V 形底的市场含义如下：

在下跌趋势中，市场卖方力量很强，股价持续下挫，看空的气氛使得股价下挫的速度越来越快，最后出现恐慌性杀跌。

空头能量极度宣泄，当沽售力量消失之后，买盘逢低介入，走势出现了戏剧性的变化，股价触底后便一路扬升，上涨趋势形成，市场看多氛围加强，买盘强劲增多，股价上涨的速度越来越快，引发抢购高潮，出现暴涨，以比下跌时更快的速度向上推进，收复所有失地。

具体来说，V 形走势可分为三个部分：

（1）下跌阶段：通常 V 形的左方跌势十分陡峭，而且持续很短的一段时间。

（2）转势点：V 形的底部十分尖锐，一般来说形成这个转势点的时间仅两三个交易日，而且成交量在这个低点明显增多，有时候转势点就在恐慌交易中出现。

（3）回升阶段：股价从低点回升，成交量亦随之增加。

V 形底的反转事先没有明显的征兆，一般是在市场将出现比较大的利多条件或短期内股价跌幅太大的情况下产生。V 形底形态一旦形成，其涨升力度非常强。当股价形成底部反转后，其上涨幅度最少相当于从最高的一个顶点到起点的垂直距离。

二、V 形底的抄底策略

（1）股价在近期大幅下跌后，其中短期跌幅已经相当惊人，投资者就要开始注意股价形态会不会形成 V 形底的反转。当股价在经过一段时间的大幅下跌后，其 K 线形态出现大阳线或下影线很长的 K 线时，如果成交量也明显放大，投资者可开始考虑买入股票。一旦接下来股价又向上突破颈线的压力，并且成交量急剧放大时，股价的底部反转形态基本确定，投资者应及时地买入股票。

投资者在操作时要注意，V 形走势在转势点必须有明显的成交量配合，在图形上形成 V 形。股价在突破伸延 V 形的徘徊区顶部时，必须有成交量增加的配合，在跌破倒转伸延 V 形的徘徊底部时，则不必有成交量的增加。真正能把握 V 形底操作的人不多，因为这种形态经常让人措手不及。把握 V 形底的关键在于洞察成交量的变化，如果发现一只无量下跌的股票突然出现异常大量时，便可以适当参与。

（2）在 V 形底反转当天，日 K 线往往形成十字星、带长下影阳线或大阳线等形态。V 形底有时会演变为延伸 V 形底走势，在带量向上突破延伸 V 形底徘徊区时，可以追买。

点金箴言

由于V形底的形成时间较短，研判较困难，参与风险相对较大。V形底的最佳买点就是在低位放量跌不下去的回升初期，或是放量大阳转势时。V形底不易在图形完成前被确认，在遇到疑似V形底的情况下，已经买进的投资者应随时留意股价发展方向；保守的投资者则可等到以大成交量确认V形底反转形态时再追买。

头肩底抄底法

一、认识头肩底

头肩底是头肩顶的形状的倒转，它跟随下跌市势而行，并发出市况逆转的讯号。头肩底一般出现在熊市的尽头，一轮大牛市的开始往往是以头肩底向上突破的。如图4-2所示。

图 4-2　头肩底

头肩底的形成过程是：在空头市场中，看空做空的力量不断下压，股价连创新低，出现一定递增成交量。由于已有一定的跌幅，股价出现短期的反弹，但反弹时成交量并未相应放大，主动性买盘不强，形式上还受到下降趋势线的压制，这就形成了左肩；接着股价又再增量下跌且跌破左肩的最低点，之后随着股价继续下挫，成交量和左肩相比有所减少，说明下跌动力有所减小，之后股价反弹，成交量比左肩反弹阶段时放大，冲破下降趋势线，形成头部；当股价回升到左肩的反弹高点附近时，出现第三次的回落，这时的成交量明显少于左肩和头部，股价回跌至左肩的低点水平附近时，跌势便基本稳定下来，形成右肩；最后股价正式发动一次升势，伴随成交量的增加，有效突破颈线的阻挡，整个形态便宣告完成，一波较大的涨势即将来临。

二、头肩底的抄底策略

在股市行情中，头肩底是一种出现频率较高，且可靠性较高的反转形态。

在头肩底形态中，至少会有5次局部反向运动，头肩底的3个局部低点依次称为左肩、头部和右肩，两次反弹高点连线称颈线，该线的突破即为新趋势的正式开始。

从成交量上分析，一般来说，在头肩底形态中，两个肩部的成交量是逐渐递增的，这说明在股价下跌过程中，来自于买方的力量逐渐增强。头肩底的最佳买入点有三个位置：

一是当头肩底还没有完全构筑完成，形成两次低点之后，股价向上突破下降趋势线时买进，这种方法适合于激进型投资者。

二是当股价向上突破颈线位并回抽确认后，可以认为该形态是有效的，此时可以买进，这种方法适合稳健的投资者。

三是在实际操作中，走势较强的股票并不会出现回抽确认，所以在操作强势股的时候，只要股价收在颈线以外3%或以上时，就认为形态已经完成，进而买进，这种方法适合跟随趋势的进取型投资者。

投资者在实际操作时应注意以下几个要点：

（1）头肩底形态中的颈线在实战中具有较强的参考意义。股价在颈线之下，颈线就是一条重要的长期压力线，当颈线一旦被有效向上突破后就成为一条极重要的长期支撑线。

（2）当股价的收盘价向上突破颈线超过3%以上，并伴有大的成交量配合放出时，为有效突破。颈线一旦被有效突破，股价将进入一个较长的上涨时期。股价在向上突破颈线时，一定要有比较大的成交量配合，而在以后的股价上升过程中，成交量不一定会大量放出，只要成交量不过度萎缩就没关系。

（3）一般情况下，股价在完成突破后，都有一个向下回落以确认颈线是否有效突破的动作，而股价只要不跌破颈线就会很快加速向上扬升，投资者应抓住这最好的中短线机会，完成建仓。

（4）头肩底一旦形成，其准确性很高，且向上突破的力度很强。股价向上有效突破颈线后，其上升幅度最少相当于头部至颈线的距离，此即基本量度升幅。而在实际当中，头肩底的上升幅度往往会超过基本量度升幅，特别是那些中小盘股票。颈线和基本量度升幅是头肩底形态中两个重要的研判标准，在实际研判和操作中，一定要加以注意。

点金箴言

头肩底形态是一种非常可靠的买入信号，但是在实战中，必须要注意成交量的配合。头肩底形态形成后，向上突破颈线位时，如果没有大的成交量配合，很可能是一个假的头肩底突破形态。另外，有时候虽然放量突破了颈线位，但是回踩时却跌破了颈线位的支撑，且跌破后不能被快速拉回，这时候也可以确定为假突破。通常情况下，假的头肩底构筑时间都比较短，所以投资者千万要注意。

双重底抄底法

双重底也叫 W 底，是股价连续两次下跌的低点大致相同时形成的“W”形状的底部形态，它是一种常见的而且容易辨认的底部反转形态，可作为下跌行情转为上升行情的标志。如图 4-3 所示。

图 4-3 双重底

一、双重底的形态特征

（1）双重底的两个低点（即底部）不一定在同一水平上，但一般两者之间相差不大。

（2）第二个底部形成时，成交量一般比第一个底部要少，而向上突破颈线时成交量必须迅速放大。

（3）双重底的形成时间一般在 1 个月以上，形态持续的时间越长，价格突破之后的跟进操作就越有效。

（4）双重底的判断必须紧扣“颈线穿越”这一点，即日内收市价格要明显高于颈线。

（5）股价突破双重底颈线后，通常会出现短暂的反方向移动（回抽），但只要回抽不低于颈线，形态依然有效。

投资者要明白，在实战中标准的双重底图形几乎是不存的，在具体操作中，投资者要注意技术含义的相似，而不能死套图形。双重底也分标准型和复合型两种形态。标准型 W 底左右各只有一个底部低点，同时也只有一个颈线高点。复合型 W 底形态则会出现多个底部低点或多个颈线位高点。双重底形态的两个底部之间应有一定的间隔，一般不少于 10 条图线。通常情况下，W 底两底间的距离越大，后市上涨的概率越高，但也不能无限大，因为太大了不好操作。

二、双重底的抄底策略

双重底形态显示强烈的转势信号，该形态形成后，一般会出现半个月以上的反弹行情，是投资者较为喜欢的一种抄底形态，并且成功率很高。

（1）第一个买入点的出现是在股价反弹后下跌至前期低点附近，如果股价在此位置缩量盘整而没能向下跌破前期低点，投资者即可少量逢低买入，进行中长期投资。

（2）第二个买入点的出现是在股价上涨突破颈线时，如果股价在此位置放量突破颈线并突破了股价短期均线时，投资者即可及时买入，进行中短期投资。

（3）第三个买入点的出现是在股价向上突破颈线后，如果股价在颈线上方明显缩量回抽颈线，不久即再度放量上冲并突破中期均线时，投资者即可及时买入，进行短期投资。

（4）与头肩底形态一样，在双重底形态中基本都存在以上三个买入点，但对于投资者来说，由于第一个买入点的不确定性比较大，因此，在实战操作中重点是抓住后两个买入点。

（5）双重底的买入技巧也可以结合指标的买入技巧一起来研判，这样可以提高投资的准确性和安全性。

投资者在操作中还应注意掌握获利了结的时机。双重底形态获利结算的时机也有两处，一处为价格上升的幅度达到两底低点的连线到颈线垂直距离的一倍时的价位；第二处了结的价位，可参照前段行情中形成的反弹高点。但是有的双重底形成后，就一波接一波地向上涨升，很难判断何时见顶，碰到这种情况，就不要急着平仓，可采取逐步推高止损价位的办法来应对，这样就可最大限度地赚足一轮上涨行情的收益。

双重底形态一旦形成，其准确性很高且向上突破的力度很强。股价向上有效突破颈线后，其上升幅度最少相当于底部至颈线的垂直距离，即基本量度升幅（又叫基本上涨空间）。颈线和基本量度升幅是双重底形态中两个重要的研判标准，在实际研判和操作中，投资者一定要加以注意。

点金箴言

双重底反转形态形成必须有一个重要条件，即股价在下跌趋势中，如果已经过大幅下跌，并且双重底形成的时间较长，则一般会带来一轮幅度较大的上涨行情；如果股价下跌幅度很小或只是在震荡整理，并且双重底形成的时间较短，一般只能带来一轮幅度较小的上涨行情，当然也可能是主力在反技术操作，在进行诱多，这一点投资者要注意。

三重底抄底法

三重底是由三个底部组成，其颈线位置是将左底顶点与右底顶点连线延伸出去所形成的连线。和双重底的道理相似，股价在某价位上遇到重大阻力，已经进行了二次探底，假如出局者不多，就要进行多次探底，使筑底式洗盘时间拖得更长一些，底部构筑得更扎实。如图 4-4 所示。

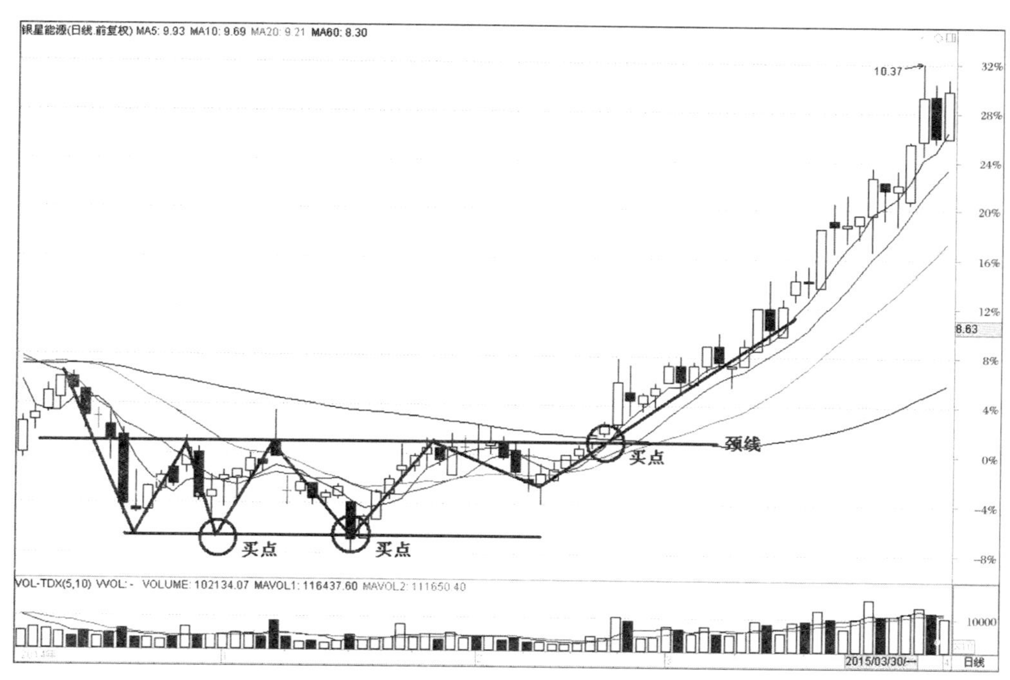

图 4-4　三重底

三重底通常多发生在波段行情的底部或是多头与空头行情的修正走势之中，三个底部和颈线的距离基本一样，三重底的任何一个底都有可能是以圆底的形态出现。在实际操作中不能仅仅看到有三个低位，就一厢情愿地认为是三重底而盲目买入，投资者需要耐心等待三重底形态的最终确认。

一、三重底的形成过程

三重底的形成过程是：主力在吸筹阶段需要大量买进筹码，买盘的介入使股票成交量放大，短线投资者和跟风盘的介入也在一定程度上促使股价上升。主力此时如果还未吸筹完毕，便会在某一价位时，通常是前期成交密集区或重要技术位处向下砸盘时，使股价下跌，误导部分短线投资者离场，骗取筹码。主力在低处买进时，股价再次发生反弹，主力又会在此时用同样的方法迫使短线投资者纷纷抛售出局，形成第三个底部，待股价重新回到颈线处时，三重底形态最终确立。

二、三重底的抄底策略

三重底因为其构筑周期较长，所以底部非常坚实。因此，突破颈线位后的理论涨幅，将大于或等于低点到颈线位的距离。所以，作为投资者需要耐心等待三重底形态彻底构筑完成，当股价成功突破颈线位之后，才是最佳的建仓机会，在仅有三个低点和形态还没有定型时过早介入是很危险的，也是不妥的。

对于向上突破来说，交易量因素很重要。由于构筑了相当厚实的底部，三重底的酝酿周期规模庞大，一旦选择方向突破，就常会有相当大的幅度规模上涨或下跌，三重底的最后一次上涨必须轻松向上穿越颈线位时才能最终确认。股价必须带量突破颈线位，才能有望展开新一轮升势。

稳重型的投资者可以选择在股价已经有效突破颈线位后的回档确认时介入；成熟型的投资者可以选择在股价已经成功突破颈线位时介入；激进型投资者可以选择在股价有突破颈线位的确定性趋势并且有成交量伴随时介入。

我们在操作三重底时应注意以下几点：

第一，操作三重底应注意进场点位。一处是价格突破显示第三个低点的那根 K 线的最高价，但有个前提就是显示第三个低点的 K 线必须是一条实体较大或上影线较长的 K 线（不分阴阳），若是一条实体较小，且上影线又较短的 K 线，则不适用此法。另一处是价格向上突破颈线时的价位，这是最保险的进入点位。

第二，操作三重底要防止逆势走势的出现。三重底形态出现后，绝大多数是顺势上涨的，但也会出现不涨反跌的走势，即出现第四个底部，甚至跌破三重底的最低点，形成跌破形态，走出一轮下跌行情。为了防止破位下行，止损点应设在最低点以下 3 ～ 5 个点的价位。

点金箴言

投资者在研判三重底的上涨力度时，可以把握以下四个细节：

（1）当三重底的低点距离颈线位越远时，待形态确立后的上攻力度也越强。

（2）当股价在向上突破颈线位的瞬间，成交量能不能够迅速放大，是研判上涨后劲是否充足的条件。

（3）当股价从三重底的第三个底部上升时，成交量能否连续性温和放大，是研判上涨动能是否充足的必要条件。

（4）当股价在底部出现盘旋状态时，一股情况下股价在底部盘旋的时间越长，其上涨力度越大。

圆弧底抄底法

一、认识圆弧底

顾名思义，圆弧底就是在底部形成的类似圆弧形状的形态。它是指股价在下跌过程中跌速越来越慢，最终股价反转向上，上涨速度由慢变快，最后形成一个类似圆弧一样的底部。如图 4–5 所示。

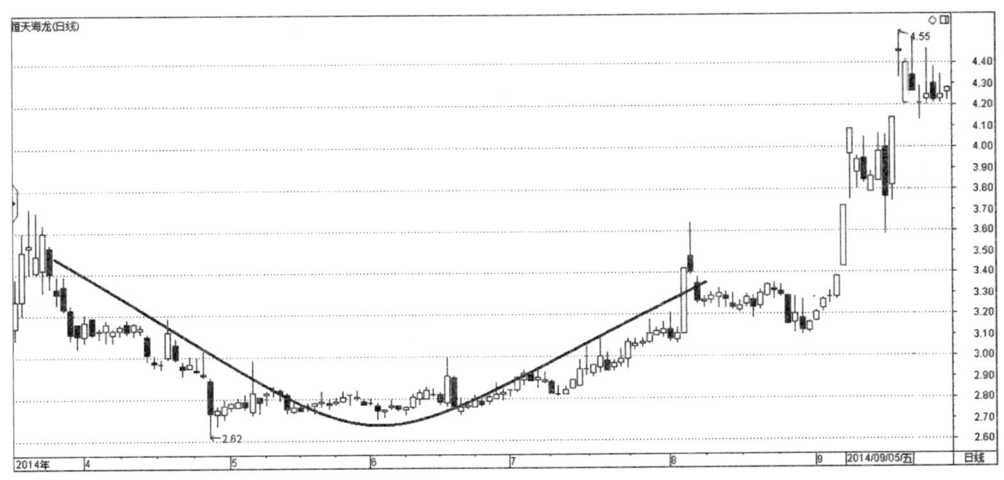

图 4-5　圆弧底

在圆弧底的形成过程中，其成交量也呈一个圆弧底的形态，即两端大中间小。圆弧底比较少见，但是一旦出现，后面的升势往往都比较猛烈。这种形态的形成原因，是由于有部分做多资金正在温和建仓形成的，它的理论上涨幅度，通常是最低价到颈线位的涨幅的一倍。

圆弧底的主要特征就是股价在大幅下跌之后，在构筑底部的过程中，股价和成交量的变化均呈现圆弧状且形成的时间较长。圆弧底的形态特征如下：

（1）股价处于低价区的时间较长。

（2）在圆弧底形成的末期，股价迅速上扬形成突破，成交量也显著放大，股价涨升迅猛，往往很少回档整理。

（3）股价变动简单且连续，先是缓缓下滑，而后缓缓上升，K 线连线呈圆弧形。

（4）成交量变化与股价变化相同，先是逐步减少，伴随股价回升，成交量也逐步增加，同样呈圆弧形。

圆弧底的形成是由于股价下跌一段时间后，抛盘减少，主力开始慢慢收集筹码，但不急于推高股价。这时，随着抛压减轻，成交量也随之减少。当主力还要增加吸筹量时，又不得不慢慢拉高价格，于是成交量也随着价格上升而不断放大，形成了与价格走势相似的圆弧形。大多数情况下，圆弧底都预示着主力在收集筹码，一旦收集完成，股价会有可观的升幅。

二、圆弧底的抄底策略

圆弧底是一种易于确认、非常坚实与可靠的底部反转形态，当个股左半部走势完成后，股价出现小幅盘升，成交量温和放大形成右半部圆弧时，便是中线分批买入的时机，股价放量向上突破时是非常明确的买入信号，其突破后的上涨往往是快速而有力的。因此，在圆弧底末期应是最佳的买入时机。

股价经过较长时间的大幅下跌后，在一定低位横向运动，同时，成交量极度稀少。在经过较长时间的低位横盘后，随着逢低买盘的逐渐增加，成交量也温和放大，股价缓慢爬升，逐渐形成一段圆弧形的底部形态。

一旦股价开始放量向上突破颈线时，圆弧底反转形态确立，投资者可以加仓买入。在圆弧底的底部形态逐渐形成以后，投资者就应分批建仓；在圆弧底向上突破的形态形成的时候，投资者应以积极买入股票或持筹待涨为主。

点金箴言

投资者需要注意的是，由于圆弧底易于辨认，有时圆弧底反而被主力用来骗线出货。像某些个股除权后在获利丰厚的情况下，主力就是利用漂亮的圆弧底形态来吸引投资者。因此，如果公认的圆弧底久攻不能突破或突破后很快走弱，特别是股价跌破圆弧底的最低价时，投资者应止损出局。

岛形底抄底法

岛形底是指股价经过一段深跌后，在接近底部的低点位，向下跳空形成“竭尽缺口”，随后股价就在缺口下方附近横盘整理。如果某一天，股价突然在先前“竭尽缺口”的价位向上跳空收阳线，形成突破缺口。由于两个缺口大约在同一价位发生，而底部横盘的图形，就像一座孤立的小岛，所以将该图形称为“岛形底”。如图 4–6 所示。

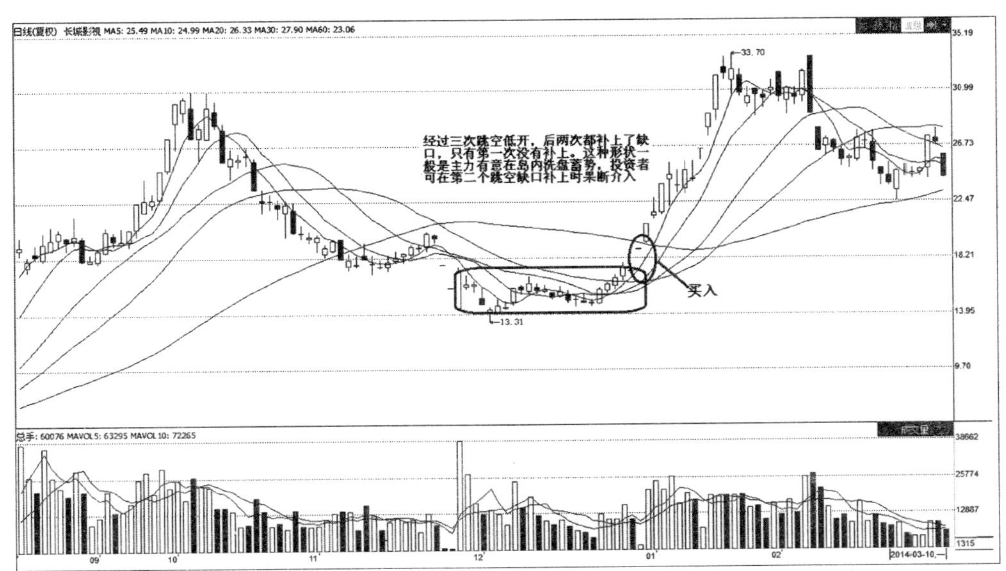

图 4-6 岛形底

岛形底形态的特征是，在下跌趋势末期，突然某一天股价向下跳空低开，在随后的若干个交易日内股价继续在低位震荡下行，没能回补这个跳空缺口。之后的某一天，股价又突然向上跳空高开，与之前的股价完全脱离。

从缺口理论上看，岛形底左边的向下跳空缺口是衰竭缺口，右边的向上跳空缺口是突破缺口。更为难得的是，股价是以向上跳空的形式跳过原来的向下跳空区域，显示出多方力量强大，做多意志坚决。从 K 线理论上看，岛形底类似于 K 线组合中的早晨之星，左边的下跌是大阴线，右边的上涨是大阳线，中间的孤岛就是“星”，早晨之星同样是强烈的看涨信号。岛形底同时符合多种技术分析理论思想的形态，准确度较高就不足为奇了。

岛形底形成后，常会伴随着很大的成交量。如果成交量很小，这个岛形底反转形态就很难成立。由于岛形底是个转势形态，它形成后表明股价已见底回升，原来的下跌趋势将转为上升趋势。通常，岛形底形成后，股价在上涨的过程中会出现反复震荡的情况，但在多数情况下，股价在回跌到上升缺口处会得到缺口的支撑，之后股价会再次向上。岛形底形成后，会出现一轮中级以上的上涨行情，投资者应抓住机会，在右边的“突破缺口”形成时迅速介入做多，后市会有厚报。

岛形底形态不是主要的反转形态，因为它形成的时间相当短，不足以代表主要趋势，不过它通常是一个小趋势的折返点。其理由很明显，因为前一个跳空发生后，不久便发生反向的跳空，显见原来既有的趋势在过度预期后，发生后继无力的现象。既有趋势的力道在后继无力的情况下突然间消失，因此反向势力便乘势而起，发生反向的跳空。这是多空势力在短时间内鲜明的消长结果。所以当反向缺口没有马上被填补时，便代表多空势力消长确立，成为趋势的反转信号。

利用岛形底抄底，买卖点的选择是决定盈利程度的关键。我们在选择买点时，可把握这样一个原则，当股价向上跳空形成突破性缺口时，如果之后连续两个交易日股价不能回补缺口，并且成交量呈持续放大状态，便可确认岛形底形态成立，此时 3 日均线或 5 日均线便是一个很好的买点。也就是说，如果股价在上涨的过程中是以 3 日均线为依托，那么可把买入的价格设置在 3 日均线附近；如果是以 5 日均线为依托，就把买入的价格设置在 5 日均线附近，股价在形成岛形底之后，便是以 5 日均线为依托向上拉升的。因为岛形底是一种短期的底部，那么在卖出时也要设置在 3 日均线或 5 日均线的价格。如果是以 3 日均线为依托上涨，那么股价有效跌破 3 日均线且 3 日均线开始向下拐头时应马上止盈；如果是以 5 日均线为依托上涨，那么股价在有效跌破 5 日均线且 5 日均线开始向下拐头时应马上止盈。

由于岛形底中间的孤岛形成时间可能是几天，也可能是数周，且向上跳空没提前征兆，因此不可能提前预知何时将出现岛形底，只能在形态成立的当天或后续交易日买进，这时买进要注意如下几点。

第一，岛形底以向上跳空的形成作为确认信号，出现向上跳空缺口的当天常常有利好消息出现，如果是实质性利好，能增强信号强度。

第二，向上跳空缺口是开盘就形成的，如果当时就追进，要防止股价下行回补缺口，遇到这样的假岛形底，一般应退出观望。如果是形成岛形底以后再买进，股价回调至缺口上方获得支撑时为最佳买点。但岛形底反转信号强烈，很可能不回调，且不回调的情况涨势更好。

第三，形成岛形底的两个缺口之间的总换手率（以短时间内的大量换手或长时间内的微量换手）越大，其反转的信号越强。如果是短时间内的巨量换手，则会成为岛形反转与V形反转的复合形态，其转势信号非常强大。

第四，一般而言，跳空缺口要有成交量支持，但向下跳空缺口处于为弱势阴跌的末期，有时不会出现大量割肉盘，没有成交量也不要紧。但向上跳空缺口无成交量的情况要小心，除非是因为封住涨停，没有卖盘的情况。

点金箴言

岛形底是短期底部中比较常见的股价见底形态，由于这种形态筑底的时间较短，股价在突破底部后，后期股价的上涨持续周期较短，上涨的力度有限，投资者在利用岛形底形态抄底时，买点较难把握。如果大盘走势属于强势，个股在岛形底形成后上涨走势持续的时间会长一些；如果大盘走势属于弱势，那么即便个股出现了岛形底，其后期股价也很难维持太久，因此这种形态比较适合短线操作。

塔形底抄底法

塔形底，因其形状像一个倒扣的塔顶而得名。其特征是：在一个下跌行情中，股价在拉出长阴线后，跌势开始趋缓，出现了一连串的小阴小阳线，随后蹿出一根大阳线，这时升势确立。塔形底是见底信号，后市看涨。塔形底也是一种比较常见的反转形态，由于组成形态的时间相对较长，所以塔形底的转势信号比较可靠，所转趋势也经常是中期下降趋势。如图4-7所示。

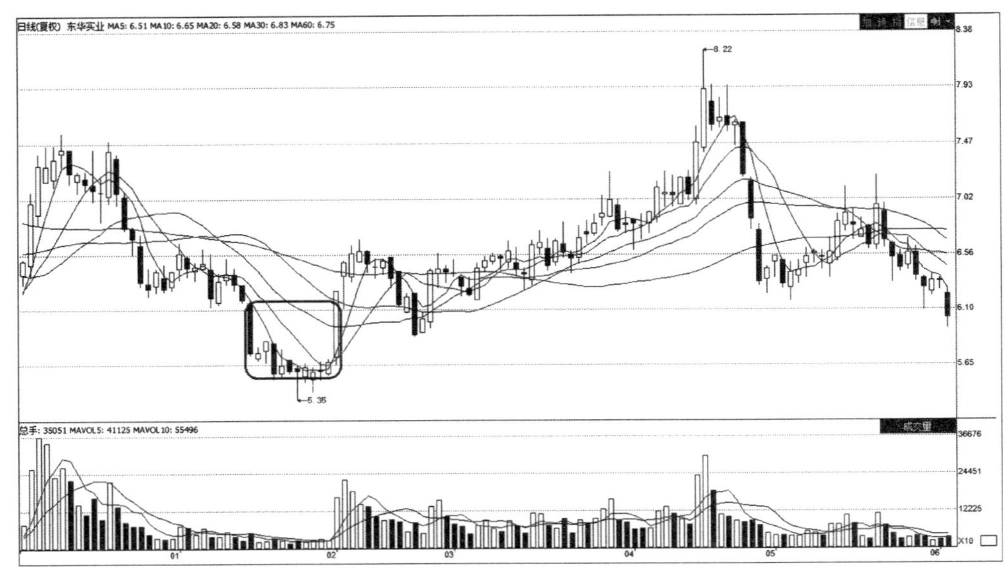

图 4-7　塔形底

塔形底形态形成的原因是，股价在有了一定跌幅之后，以一根缩量长阴K线形态出现，这种有价无量的长阴K线表明短期内空头力量已经释放得差不多了，因此在长阴K线出现之后股价不再向下滑落，而是以小阴小阳线的方式展开震荡，这种震荡是多头主力聚集能量的一种表现方式。当一根长阳K线出现之后，股价开始上涨，这说明多头筹码收集结束，开始做多该股。

塔形底底部的K线是阴是阳并不是特别重要。当然，如果能同时收出其他见底和看涨的K线形态，肯定更值得信赖。塔形底信号的可靠性更加依赖于最后一根阳线对第一根阴线的包容程度。阳线收盘价超出阴线开盘价越高，塔形底的转势作用就越大。

那些阳线收盘价没有超出阴线开盘价的塔形底，对见底作用没有任何影响，但转势力度很显然弱于那些阳线收盘价超出阴线开盘价的塔形底。投资者还需要继续观察最后一根阳线之后的走势，如果随后股价或指数继续向上攻击，超越第一根阴线的开盘价，则塔形底的转势信号同样值得信赖；如果后期走势没能超越第一根阴线的开盘价，就转身再度向下，投资者就要考虑该塔形底是否是一个失败的形态。总的来说，塔形底的转势作用很强，投资者可以在收出塔形底后适量介入。

最后一根阳线价格超越第一根阴线开盘价，是后低高于前低，后高高于前高，确认了趋势逆转。形成塔形底之后，股价很快回落，但在塔形底底部小阴线小阳线的整理区域获得支撑，然后拐头继续向上。投资者可于回踩不破低点时买入或加仓。在大阳线处已经买入的投资者可以继续持有，如果股价跌破底部整理区域，则清仓离场。

塔形底是一种短期见底信号，这种形态既可以出现在上涨趋势中的调整阶段，又可以出现在下跌趋势的中途，还可以出现在下跌趋势的末期。如果是出现在上涨趋势中的调整阶段，那么原有的上升趋势不会改变，而塔形底只是上升趋势中的一个阶段性的底部，当股价以塔形底形态见底后，后期股价会沿原来的上升趋势运行；如果是出现在下跌趋势的中途，那么在塔形底形成之后股价形成的上涨走势则多是一种反弹行情，构不成反转走势，当这种反弹行情结束之后，股价仍会沿原来的下跌趋势向下运行；如果是在下跌趋势末期出现，那么此时形成的塔形底则是股价真正的见底回升，后期股价会形成反转走势，但这种反转需要量的配合。

一般来说，股价在低位形成塔形底，并且有成交量的配合，往往会有一段较突然的涨势出现。投资者见此 K 线组合后，应抓住机会，跟进做多。如果股价已下跌很长一段时间，并且累计下跌幅度很大，然后股价开始震荡盘升，低点不断被抬高，这时出现塔形底，投资者要敢于看多做多。如果股价在震荡上升，并且上涨幅度不大，这时出现了塔形底，投资者也要敢于看多做多。

如果股价已上涨很长时间，并且涨幅很大，然后在高位反复震荡，在这个过程中出现塔形底，投资者一定要多留个心眼，以防被主力骗在高位。如果股价在下跌初期或下跌途中出现塔形底，操作时一定是短线思维，一旦有不好信号，一定要先出局观望，否则很容易被套在半山腰。

投资者在利用塔形底抄底时，要学会判断当前的趋势是属于哪一种状态，如果同前面的个股一样，是出现在下跌途中，那么在利用塔形底抄底时，买入点可以放在塔形底大阳线出现的次日。只要当日股价能够突破大阳线的最高价，并且接近尾盘时股价能够收在较高的位置，便可在收盘前买入，但同时要设好止损点，只要后期股价跌破了塔形底大阳 K 线的开盘价，就要立即止损。如果塔形底形态是出现在上涨趋势中的调整阶段，那么只要股价突破了塔形底形态的最高价（塔形底形态形成时第一根大阴线的最高价和最后一根大阳线的最高价），就宜建仓买入，只要上升趋势没有发生改变，就应一路持有。

点金箴言

塔形底形态只适合短线操作，不适合长线持有，这是因为塔形底筑底的时间较短，导致筹码收集不足，而主力资金有限，难以保障股价后期上涨时所需要的资金。在这种情况下，主力所设定的获利目标较低，因此股价在拉升到一定的高度后主力便选择出货，所以说投资者在抄底时，如见到股价是以塔形底形态出现的，就要以短线操作为主，不要长期跟踪。

上升矩形突破抄底法

所谓矩形形态，就是平常所说的箱体震荡，而上升矩形形态就是指股价在上下两条水平的界线之间波动，而后选择向上突破所形成的K线形态图。如图4-8所示。

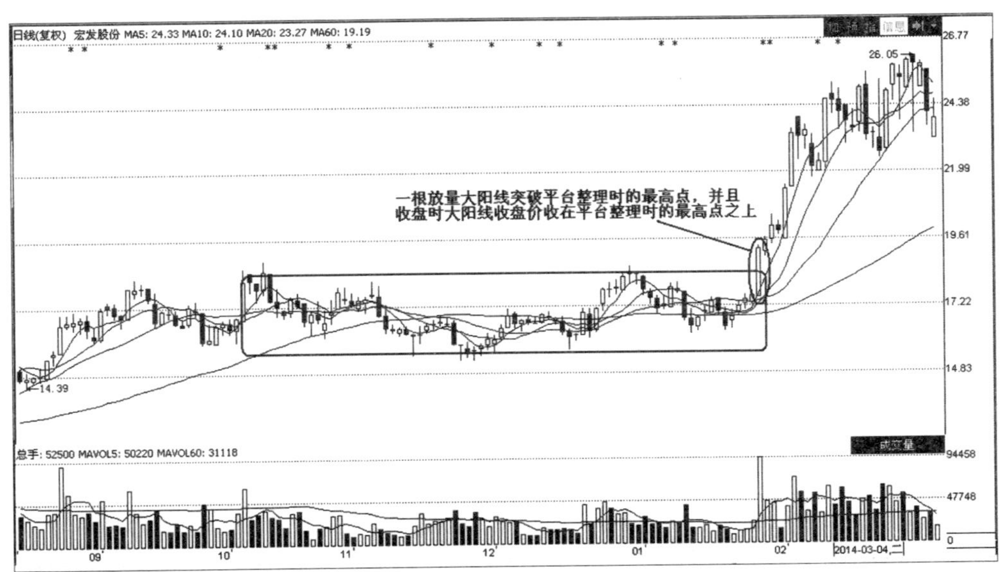

图4-8 上升矩形突破

矩形形态折射出了实力相当的多空双方的博弈，当这一形态出现时，给投资者传递的信息通常是多空双方的力量在该范围已经处在了势均力敌的状态，看空的投资者对后市信心不大，认为股价很难超过目前的价位，所以每当股价回升到该价位时，就会出现抛售行为，从而形成一条平行的供给线。而与此同时，看多的一方认为其价位是很好的买进点，所以每当股价回落到该水平便会有人买入，形成了一条水平的需求线。这样把这两条直线连接起来，就形成了一个矩形形态。

上升矩形突破的形成一般来说是因为主力洗盘所致，上升矩形上方的阻力线是主力的洗盘位置，下方的支撑线是主力的底线，当然，也有上升矩形突破的 K 线图形的股价会跌破支撑线，但一般都会迅速拉回到支撑线上方。矩形突破后，股票价格常会出现反抽，向上突破的反抽回落应在顶线之上；向下突破的反抽回升应受阻于底线之下。突破后的度量方法是向上或向下的涨跌幅度等于上升矩形自身的宽度。

作为投资者，在研判矩形形态的向上突破时，一定要结合均线理论分析，只有这样做才可以提高研判的准确程度。假如股价在长期均线的上方附近形成了矩形形态，则股价向上突破的能量较大，上涨幅度也是非常可观的，投资者此时可以买入；如果股价是在远离长期均线的上方出现矩形形态，则股价向上突破后的力度和高度都是非常有限的，投资者此时可以快进快出；假如在离长期均线较远的下方出现矩形形态，则股价突破后的高度和空间也不会太大，而且股价在到达长期均线附近时将面临较强的压力，投资者此时可以观望为主；如果股价是在长期均线下方附近出现矩形形态，则股价的有效突破不仅要向上突破矩形的上方压力线，而且还要向上突破长期均线，这样才称得上是真正的向上突破，投资者此时可以逢低介入。

一般来说，上升矩形属于整理形态，当市道进入“牛皮上落”阶段时，便有可能形成此形态。其未来的趋势与形成形态前的趋势相同。当上升矩形向上突破上限阻力时，是一个“买入信号”；反之，若向下跌破，则是一个“沽出信号”。在升市或跌市的过程中，都有出现矩形形态的可能。上升矩形“最少升跌幅”的量度方法是计算矩形内最高和最低价的距离，就是形态突破后，至少可到达的幅度。

上升矩形的最佳买卖点为箱体突破和回抽确认之时，也可在接近箱体上下轨时利用股价买卖，但是要注意设置好止损点。

点金箴言

作为投资者，在研判上升矩形形态向上突破时应注意，向上突破的矩形形态应有成交量明显放大的配合，不然的话，其可靠性就会降低。矩形形态应由基本相同的高点和低点组成，形态内的成交量应表现为逐渐萎缩，在形态突破前投资者应小心其演化成三重顶的可能性，特别是对于上涨幅度较大的股票。

上升三角形突破抄底法

一、上升三角形的概念及市场意义

上升三角形是三角形形态中的一种。顾名思义，把每一次短期波动高点连接起来形成一条水平阻力线，把每一个短期波动低点连接起来形成另一条向上倾斜的支撑线，这样形成的 K 线组合就是上升三角形。如图 4-9 所示。

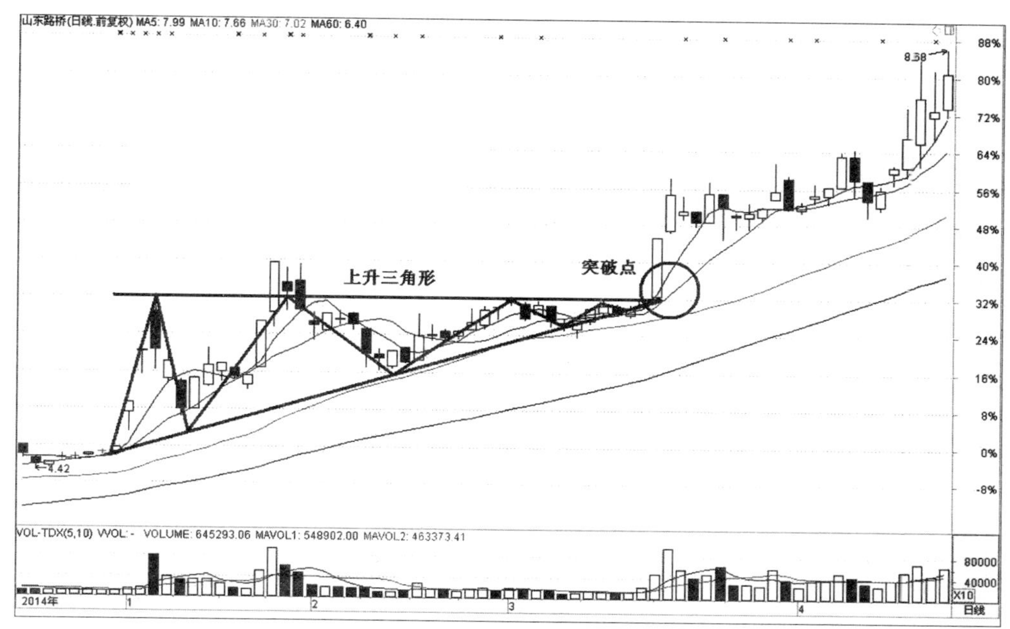

图 4-9　上升三角形突破

成交量在上升三角形形成的过程中不断减少。该形态最明显的特征是底部逐步抬升，主要原因是因为市场对其看好而在回调中积极吸纳，同时也反映出主力惜售而不愿打压过深以免丢失筹码的心态。

上升三角形反映的是买卖双方在一定范围内的博弈，博弈的结果是买方的力量在争夺当中略胜一筹，而卖方在某一特定的价格区域不断沽售。这样，在同一价格水平的沽售，就形成了一条水平的供给线，不过，由于市场的购买力量还是非常强的，他们不等到股票价格跌落到上次的低点，就又重新买入股票，所以形成了一条向右上方倾斜的需求线。

二、上升三角形的抄底策略

上升三角形一般在涨势中出现，是强烈的中继技术形态。由于股价上涨的高点基本处于同一价位，回调的低点却在不断上移，股价波幅渐渐收窄，成交量不断萎缩，不过在上升阶段成交量较大，下跌时成交量较小，说明看空的一方在某个价位不断卖出，迫使股价下行，但市场却对该股看好，逢底吸纳的人不等股价跌到上次的低点就买进，形成一个低点比一个低点高。上升三角形是一个整理形态，一般在最后都会选择向上突破。

上升三角形一般意味着股价向上突破的可能性非常大，但有时无量向下突破时，就会演变成双重顶或者多重顶的形态。上升三角形的有效突破是以股价的收盘价向上突破形态上边压力线的一定幅度（一般为3%以上）为准，股价在突破形态后可能有向下回调至压力线的过程。当回调确认转向向上形成有效突破时，股价常常会呈现出新一轮急速上涨的行情，此时投资者可大胆介入。

点金箴言

上升三角形向上突破时，一般都配有较大的成交量，无量向上突破可能是假突破，投资者不可贸然进入。另外，投资者要注意的是，上升三角形越早往上突破，后劲越足，那些迟迟不能突破的上升三角形，很可能是主力在悄悄出货而故意给中小投资者设置的多头陷阱。一旦主力达到目的，在他们出货完毕后，上升三角形非但不会往上突破，还极有可能演化成双顶形态，股价下跌就不可避免了，投资者对此务必提高警惕。

上升旗形突破抄底法

一、上升旗形的概念及意义

所谓上升旗形，就是指当股价通过陡峭的飙升后，就会形成一个紧密、狭窄和稍微向下倾斜的价格密集区域，我们把这个密集区域的高点和低点分别连接起来，就可以画出两条平行而又下倾的直线，这就形成了上升旗形。如图4-10所示。

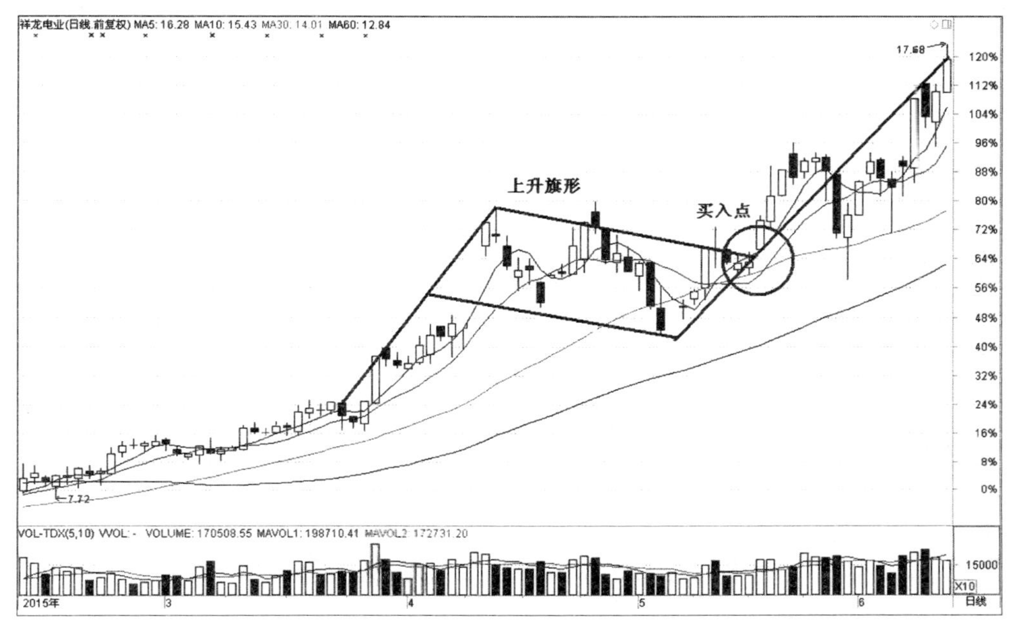

图 4-10　上升旗形突破

上升旗形的形成原理为：一波大幅上扬的行情发生后，获利盘大量涌出，做空力量开始加强，单边上扬的走势得到遏制，价格出现剧烈的波动，股价在波动中形成了一个类似于旗面的形态。把调整的高点和低点分别连接起来，就可以绘出一个向下倾斜的长方形或者有点像三角形的旗面，这就是上升旗形。在旗形的形成过程中，成交量逐渐递减，投资者对后市看好，因而普遍存有惜售心理，市场的抛压减轻，新的买盘不断介入，直到形成新的向上突破，完成上升旗形的走势。成交量伴随着旗形向上突破逐渐放大，与前一波行情一样再度拉出一根旗杆，开始了新的多头行情。

二、上升旗形的抄底策略

上升旗形是整理形态，旗形休整后还要保持原有上升趋势。旗杆形成过程当中，往往是接近直线的拉升，然后转入休整，这个旗面看似股价要下跌，但实际上是主力做的陷阱，目的是让散户卖出筹码，而主力收集筹码。所以，见到此种情况，投资者千万不要将便宜的筹码拱手让给主力，因为一旦主力筹码收集充分之后，便会发动新一轮攻势，且其攻势很猛，不一定出现回抽。

在形成上升旗形时，投资者千万不要被其股价重心不停地下移而乱了手脚，导致做出做空的错误决断。此时，应时刻关心股价的突破方向，一旦发现股价整理后往上突破，就应该迅速买入。手中持股的投资者要捂住股票，密切留意行情的发展趋势，如果调整时间不是很长，就不要抛出手中持股。上升旗形一般象征着强势上涨即将来临，作为投资者在调整的末期，可以果断而大胆地介入，从而获得丰厚的回报。

上升旗形是一种非常具有爆发力的上涨形态，涨势猛，上升空间大。一般来说，旗形在上升趋势中的出现，会引发下一波的大涨，因此，持股的捂股，持币的关注突破方向，伺机买入。要注意上升旗形的两个买点：向上突破（一定要放量突破）为第一买点，回抽上边线获支撑反弹向上为第二买点。就理论而言，一旦上升旗形确立，它的涨幅是十分可观的，第一目标是旗面高度，第二目标是旗杆高度。

在明显的上升趋势中，如果股价出现回调，在回调过程中出现了上升旗形，这时投资者不要恐慌，而要耐心多观察几日，只要股价不跌破下边支撑线，就要持筹不动。在明显的下跌趋势中，如果股价出现反弹，在反弹过程中出现了上升旗形，可稳住观望；如果跌破下边支撑线，就要果断出局，否则是相当危险的。

点金箴言

投资者需要知道的是，牛市中的上升旗形一般出现在行情的第一阶段和第二阶段，用波浪理论来说，即第一浪和第三浪，如果在第三阶段即第五浪中出现剧烈的下跌，就不能看作是旗形调整了，股价可能还会上涨，但是，走势往往在创了新高后便立刻反转，变成了其他顶部形态。

第五章 根据盘中行情抄底

开盘价的意义非同寻常，一般情况下，当日涨跌在开盘。开盘是股票一天走势的风向标，是多空力道的显示器，是我们进行超级短线操作的重要参考信号。据统计，开盘语言的提示准确度高达85%以上。当然，对成交量的要求也是非常严格的，数量不同的成交量会对股价的波动造成明显不同的影响，只有价涨量增，股价才会不断上涨。

跳空高开抄底法

跳空高开，是指股票开盘价格高于此前一个交易日的收盘价格。究其原因，主要有两种：一是延续前一交易日的上涨趋势，二是当日开盘前个股或者大盘出现明显的利好消息。如果并非是这两种原因导致的跳空高开，属于分时异动范畴，应根据具体情况另行分析，一般来说有两种。

一、强势上攻

强势上攻的走势通常有两种，如表 5–1 所示。

表 5–1　强势上攻的走势

形态	分析
N 形走势	开盘后股价快速上冲后又快速回落，回落的低点通常不能回补缺口，接着又快速上冲，突破刚才的新高。分时图上呈现一个 N 形走势——说明开盘后股价遭遇抛压，但随即又被买盘托起，量能放大，显示多头力道强大，当日看涨，突破前高时是最佳买点
W 形走势	与 N 形走势类似——只是多了一次探底，在分时图上形成一个 W 形走势，W 形走势是有效的底部反转形态，突破前期新高时一定要放量，分时线创新高时是最佳买点

跳空高开，强势上攻的走势如图 5–1 所示。

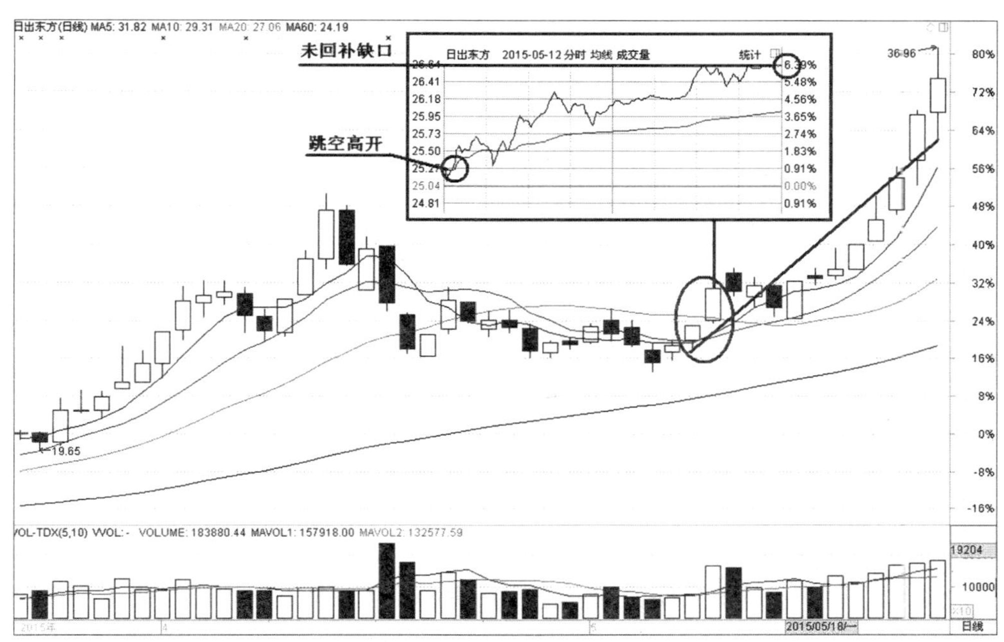

图 5-1　跳空高开，未回补缺口，后市大涨

二、拉高出货

拉高出货的形态特征为：结合日 K 线来研判，股价经过一段时间的拉升，到了阶段性的顶部。开盘后股价稍有上冲后就快速回落，随即又有上冲动作，但上冲的高度超不过开盘价随即回落，形成一个倒 N 字形走势，通常会回补缺口——说明主力高开是为了吸引跟风盘进行出货，显示空头力道强大，当日看跌。开盘后上冲放大量，再次上冲时，后高不及前高，后量也不及前量。不创新高时是最佳卖出点。

在高开上涨时，关键看股价回探时有没有完全回补缺口。通常情况下强势股是不会回补分时缺口的，从而形成 N 形走势和 W 形走势。另外，还要结合前几天的 K 线走势进行参考判断，如果股价回探时完全回补了缺口，通常说明这只股票走势不够强，即使上涨，幅度也不会太大。

点金箴言

跳空高开属于日内看涨的警示信号，并不提供交易信号。跳空高开高走属于进一步确认的日内看涨信号，同样不发出交易信号。投资者发现个股跳空高开高走之后，应加强关注，寻找其中出现的买入信号。

跳空低开抄底法

低开是指股价以低于前一日收盘价若干价位开盘，在当日分时图上形成了一个向下的跳空缺口，这种开盘有两种意义。

一、洗盘上攻

洗盘上攻是指低开后股价快速上冲到缺口附近，稍有回落后又快速上攻以回补缺口，分时图上也呈现一个 N 形或 W 形走势——说明低开是为了吓出获利盘和套牢盘，当抛盘被买盘消化后股价开始回到红盘区，显示多头力道强大，当日看涨，投资者应该继续持股或积极买入。如图 5-2 所示。

图 5-2 跳空低开抄底

低开高走往往是强势股的特征，投资者只有操作强势股才可以带来更好的投资回报。强势股因为有了资金的入场，分时线的走势显示非常强劲、顺滑，并且挺拔有力，股价在盘中的上升角度也会比较大，投资者发现这种个股要积极操作。

二、强行出货

强行出货是指低开后股价继续低走，或快速上冲到缺口附近再次回落，没能回补缺口，形成一个 V 形或倒 V 形走势，由于没有资金入场的积极推动，盘中的分时线走势会非常曲折，成交量呈现极度萎缩或极度放大之势，内盘是外盘的一倍以上，此种开盘全天看跌，投资者应该卖出这种走势的股票。

点金箴言

在有跳空缺口的开盘中，开盘后有没有立刻回补缺口的动作以及该动作的力度大小，是全天走势方向是否明朗的重要标志。如果跳空开盘后没有任何回补动作，那么全天的股价走势必然会沿着跳空的方向运行。

收盘前拉升抄底法

在开盘价、收盘价、最高价和最低价中，最有参考意义的是收盘价。收盘价是股票交易一天的最后价格定位，是多空双方经过一天的交战得出的最后结果——它的本质意义在于对第二天股价走势的影响，尤其是收盘前半小时的交易行为，对做出买入还是卖出决定，有着极为重要的指导意义。

如果股价全天运行平稳，临近尾市时才开始拉升，股价以扫盘的方式直接向上攻击，短时间内呈现凌厉上攻态势，放量突破平台是最佳买点。如图 5-3 所示。

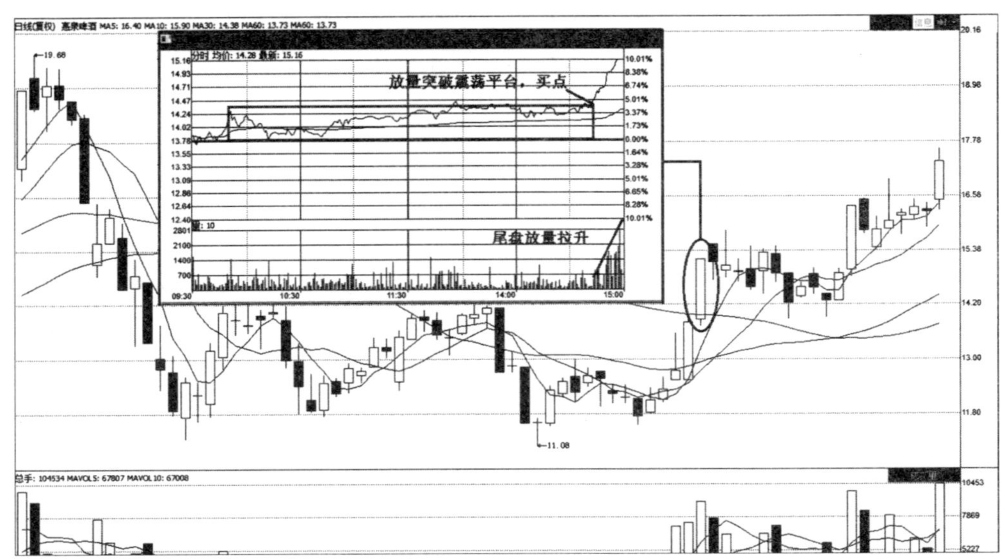

图 5-3 收盘前拉升

盘口特征为：

一是连续的大单扫盘；

二是股价走势一般挺拔有力，一气呵成，呈斜线上攻走势；

三是一天的成交量微小，拉升时成交量急速放大；

四是这种走势通常发生在收盘前 30 分钟内。

点金箴言

如果某个交易日，出现了尾盘拉升的态势，也有可能是主力出货的标志。因为主力出货时，常常会让盘面出现小幅度的上涨，使散户认为股票已经有止跌回升的迹象。这样可以使散户在第二天少量买入股票，接住主力手中的抛盘。

收盘前急打尾抄底法

个别股票在收盘前的一瞬间出现突然大幅下跌的现象，这种下跌的特点也是超大单成交，没有大的成交量配合，分时图呈现出一条直线下冲走势，中间没有任何成交停顿现象。一般情况下是吓出普通的投资者，为第二天拉升做最后震仓，该种情况下后市会有不错的走势。投资者见到这样的分时图走势时，第二天应该积极进场，买入股票。如图 5-4 所示。

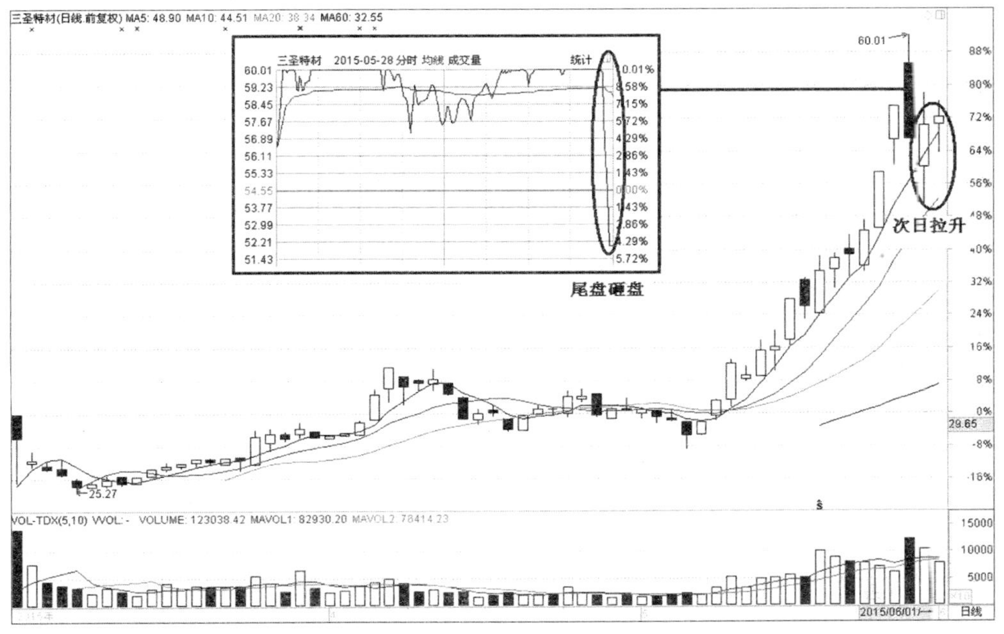

图 5-4　收盘前急打尾

点金箴言

读懂收盘语言的关键是，在临近收盘前的 30 分钟是多空双方的“决战”时间，仔细盯盘，此时双方都会动用重兵来打击对方，因此成交量常常在此时放大，股价运行具有突然性和一边倒特征，大单成交是特色！如果没有大单成交，即使股价运行幅度增大，也没有很好的可参与性。

盘中平台突破抄底法

在盘中，有的股票在突破前可能会出现横盘，横盘是为了再次上攻。如图5-5所示。

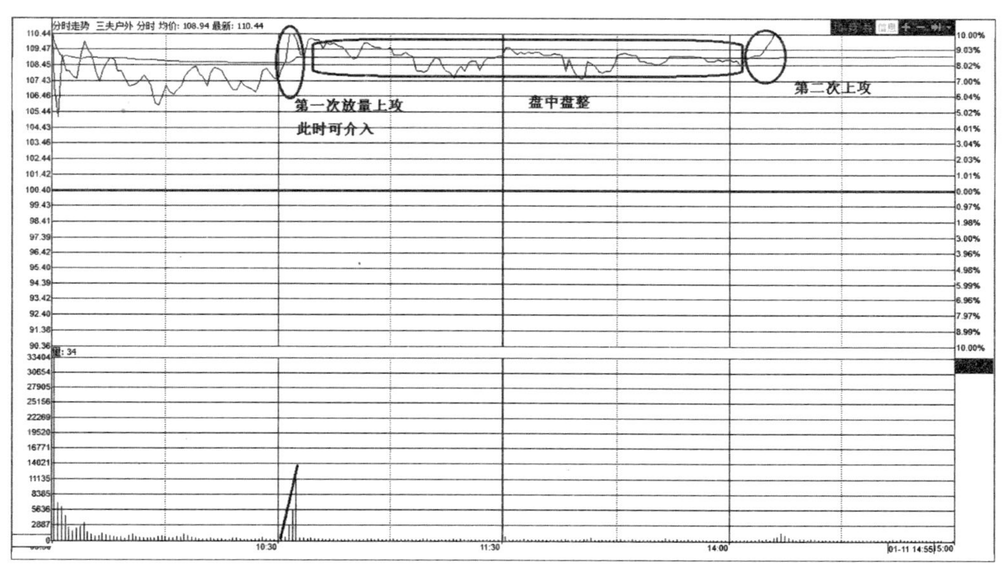

图5-5 盘中平台突破

平台整理完毕突破模式是交易中主要的获利模式之一。开盘之后，股价的波动也是有一定的方向性的。但随着时间的推移，股票疲弱的状态逐渐显现出来。在上有压力不能有效突破、下有支撑跌破同样困难的情况之下，股价开始了在支撑位和压力位之间的窄幅波动，即多空双方争夺得十分厉害，股价在一个很小的区域里上下震荡，没有形成真正的趋势。时间一长，股价波动的区域就形成一个窄幅波动的近似矩形的平台。一旦成交量放大，股价成功地突破了这个整理平台时，投资者买入股票的时机也就到来了。

第一波上攻时要有力度，最好有大成交量的出现。随后出现盘整区域，量能逐渐萎缩，从盘口分析成交很少，抛单很轻。抛单轻说明浮动盘已经休息，多空分歧不大，主力持有大量筹码。在这种状态下，股价往往会再次拉升。经过一段时间平台整理后，再次放量突破平台时即可买入。同时盘口上出现大笔攻击性买单，说明平台突破的最佳买点已经形成。

股价突破整理平台可以分为 3 个非常明显的阶段。如图 5-6 所示。

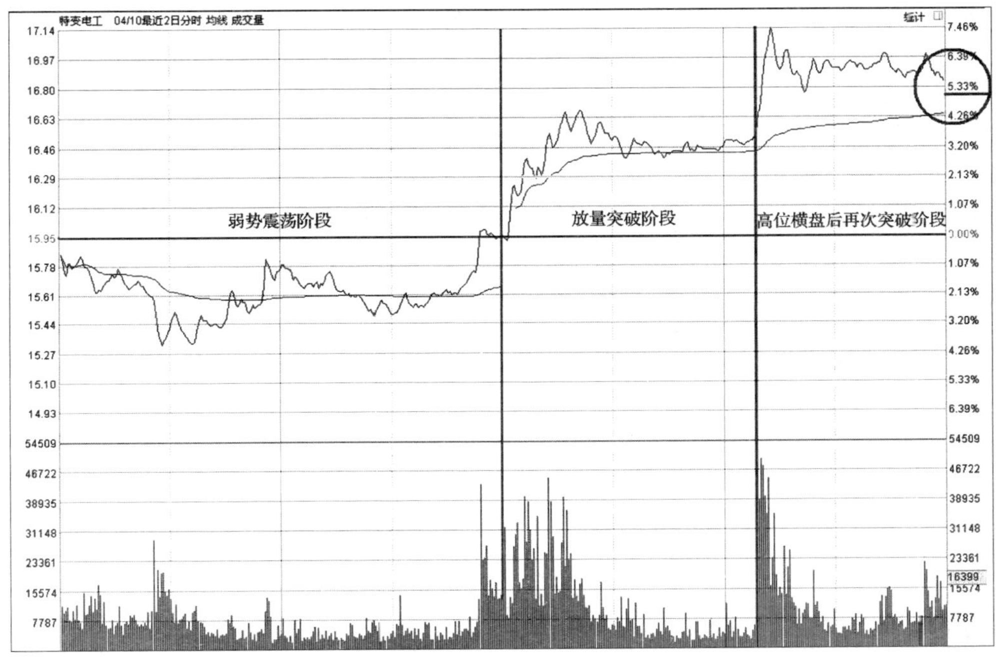

图 5-6　盘中平台突破的三个阶段

第一阶段：弱势震荡阶段。

弱势震荡阶段占据平台突破形态的绝大多数时间。在分时图中，股票从开盘之后就在 2%的幅度内上下波动，从当时的量比指标上看也没有多大的放量，接近前一日的成交量大小。股价横盘的时间相当漫长，可以占据当天交易时间的 70%以上，以至于多数投资者对这样的横盘走势的股票都不抱有任何看涨的希望。

第二阶段：放量突破阶段。

放量突破阶段是突破平台上涨过程中最为精彩的一部分，也是投资者想要抓住买入机会，但又十分为难的阶段。放量突破阶段，成交量可以放大 3 倍、5 倍，甚至 10 倍都是很有可能的。主力拉升的动作迅速，用大量的资金通吃所有的卖单，使股价瞬间涨到一个新的高度，通常连续上涨的幅度有3%~5%。

投资者要想抓住这一波的拉升行情，最为有效方式就是高位挂买单。高位挂买单虽然可能会抓住拉升中的股票，但同时也增加了投资者的持仓成本。可以说，追涨的风险与机遇是共存的。

第三阶段：高位横盘再次突破阶段。

股价顺利地突破了前期横盘区域，并且站稳在一个新的平台之上。如果主力实力足够强的话，短时间高位震荡之后还会拉升股价到一个新的高度，甚至于拉升到涨停位置都是有可能的。投资者如果确认股票的强势特征将会持续下去的话，可以趁主力修整的时候买入股票。这样一来，投资者很可能在股价收盘之前就已进入盈利状态了。

这样的股票分时线通常有以下特征：

一是成交量非常有规律，并且是价涨量增；

二是分时线走势非常顺滑；

三是股价上涨时，分时线的上涨角度非常陡峭；

四是股价上涨时，趋势非常明显。

点金箴言

在股价波动的K线图中，如果某只个股在大盘下跌的时候保持不跌的走势，那么这只个股后市会表现出较好的上涨走势。股价的K线图与分时图是相通的，在分时图中，如果个股的走势比对应的大盘走势强，大盘横盘或下跌，而个股逆势走强，这只个股后市会有很好的表现。每次放量突破前期高点时都是最佳进场点。

第六章

根据趋势线原理抄底

在股市中，趋势最重要，谁能准确把握趋势，谁就能在股市中赚到钱。股价放量向上突破下降通道上轨，股价缩量回踩上升通道下轨以及股价放量向上突破上升通道上轨，都对应着不同的买卖时机。对于短、中、长期趋势线指示的买卖时机，投资者可以根据这三种情况进行研判。

根据短期下降趋势线抄底

所谓短期趋势，一般是指由数日至20个交易日的股价波动所形成的趋势。因此，短期趋势线也就由数个交易日至20个交易日的股价波动的明显高点或低点构成。通常情况下，股价向上突破短期下降趋势线是短线买入时机。如图6-1所示。

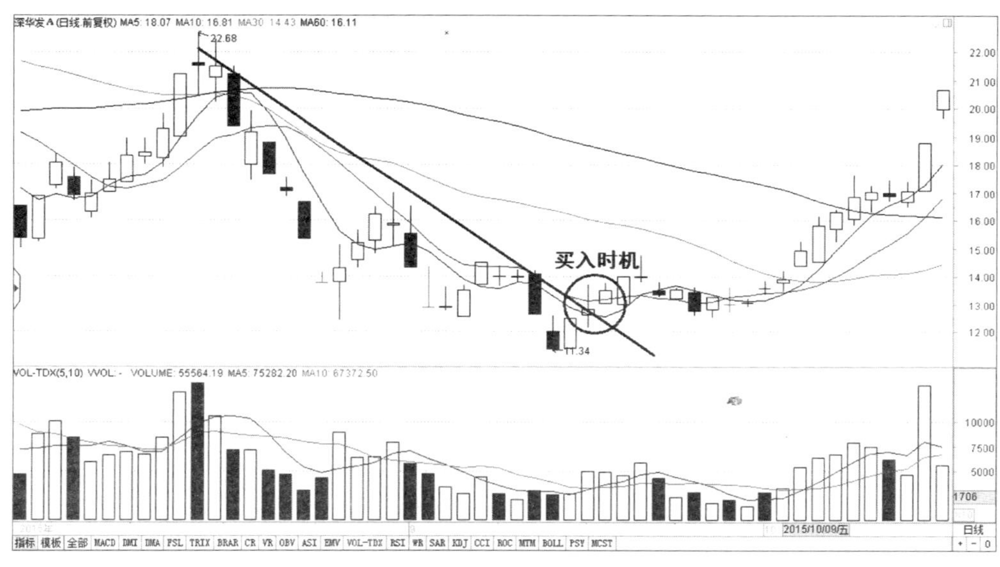

图6-1 股价向上突破短期下降趋势线的短线买入时机

事实上，一个空头行情是由原始、次级或短期下跌波动所构成的，股价一波比一波低，每两个反弹的高点即可连成一条下跌趋势线。所谓的短期下跌趋势线是指空头市场的次级波动，以各反弹顶点为基准点向下延伸，其经历的时间甚短，一般为数日或数周的波动所建立，其下降的角度为60度左右。

短期下降趋势线可分为三种情况：第一种是在中期下降趋势中，此时股价主要以下跌为主，当股市下跌一段时间后会产生反弹，如果把握得当，这种反弹也会有可观的收益，此时投资者可以利用短期下降趋势线，即股价向上突破短期下降趋势线时做短线买入。第二种是在中期上升趋势中，此时股价主要以上涨为主。然而，某些情况下，股价在急速上升一段之后，也会进入短期的回调整理，这时股价就会受到一条短期下降趋势线的压制。事实上，当股价向上突破这条短期下降趋势线时，说明短期的调整结束，这个时候是中期上升趋势中的一个新的买入时机。第三种是在中期横盘整理趋势中，此时股价在一定的价格范围内进行中期的箱体波动。如果箱体上下空间较大且有一定差价，短线操作者可以在股价突破短期下降趋势线时买入股票，在股价靠近箱顶时卖出股票。

点金箴言

在实际操作中，投资者需要把握以下几点：第一，短期趋势的时间应该在4周以内。第二，股价对趋势线的突破一般以收盘价为标准，股价向上突破短期下降趋势线时，必须有大成交量的支持，否则可能为假突破。理论上认为突破趋势线超过3%或连续两天突破趋势线时属于有效突破。第三，在中期下降趋势中抢反弹时，投资者应快进快出且要设立明确的止损位；在中期上升趋势中，应以持股为主，即使卖出也应是部分的或暂时的，当调整结束特别是股价向上突破短期下降趋势线时应及时补仓。

根据中期下降趋势线抄底

通常情况下，中期趋势线为20个交易日以上至120个交易日即半年之内的趋势，因此，中期下降趋势线或中期上升趋势线就是由20个交易日以上至120个交易日之内的股价运行所形成的明显高点或低点连接而成的。

一般来说，当一轮中期上升行情结束进入持续下跌，且跌幅较大、时间较长时，股价放量向上突破由中期下降趋势中的两个明显的高点连成的下降趋势线，这往往预示着该股票中期下降趋势的结束，而将转为中期上升趋势，是较好的中线买入时机。在中期下跌趋势中，股价主要以下跌为主，高点和低点都会不断下移。但是，当股市下跌一段时间之后往往也会产生反弹，如果把握得当，这种反弹也会有可观的收益。股价向上突破中期下降趋势线时便是中线的买入时机。如图 6-2 所示。

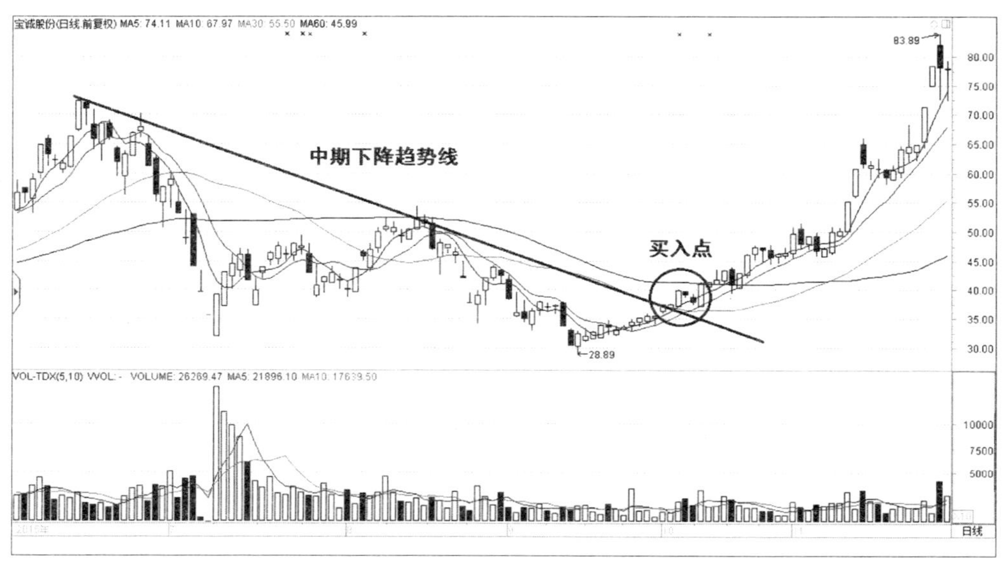

图 6-2 向上突破中期下降趋线的中线买入时机

下降趋势线的向上突破是中期下降趋势结束而转为中期上升趋势的信号，也是实际操作中非常重要的买入时机。另外，中期下降趋势线的向上突破只有成交量放大配合，转势的可靠性才会提高，后市上升的空间才会打开，否则中期下降趋势线突破后股指也可能仍然横向运行而不马上展开上升行情，因此在大盘突破中期下降趋势线时，投资者应选择成交量大且走势趋强的股票买入。事实上，30 日均线是大盘的中期生命线，黑马股的产生往往也是由 30 日均线培养出来的，30 日均线之下的股票就像麻雀，不可能远走高飞，而 30 日均线之上的股票就像雄鹰，可以展翅高飞。

有时候，由于股价的下跌幅度和时间不够，与前期的上涨幅度和时间尚未形成对称性，股价向上突破下降趋势线时，成交量未予以配合，造成判断失误。导致运用中期下降趋势线判断中线买入时机的最大麻烦是下降趋势线的斜率有时会改变，即前面的一条中期下降趋势线“突破”后仅仅是短暂的反弹，其后又继续下跌不止，这时原来的中期下降趋势线就需要修正，它将由新的中期下降趋势线所取代。一旦遇此情况，投资者需要在股价再创新低时止损出局，再等机会。

点金箴言

一般来说，投资者在中期下跌趋势中抢反弹，应以长空短多为主，即要快进快出，而且一旦确认反弹结束特别是股价再创出新低并继续下跌时，无论盈利还是亏损，都应立即出局。因此，在中期下跌趋势中抢反弹，止损位的设立是非常重要的。

根据长期下降趋势线抄底

股市的运行有其自身的内在规律，既有波澜壮阔的牛市，也有寂寞难熬的漫漫熊市。当一轮牛市结束时，股市就会进入下跌时间很长或下跌幅度很深的熊市之中，而且牛市涨得越高，熊市的跌幅就越大、时间也越长。一般来说，长期趋势跨越的时间在半年以上，多者长达数年。而且，时间越长的趋势线被突破后其意义越大，其上升或下跌的空间也越大。

事实上，长期下降趋势线向上突破应有成交量放大的配合且最好伴以中长阳线，否则其可靠性会降低，或后市上升的空间有限。而且，在长期下降趋势线之下，往往有数次中级反弹或上涨，由于这些中级行情高点的原因，常常改变长期下降趋势线的斜率即原来的长期下降趋势线也需要重新修正。不过，原来的下降趋势线突破后将由以前的阻力线变成股价下跌的支撑线。遇到此情况，投资者仍应止损离场，耐心等待机会，因为熊市是漫长的。需要强调的一点是，为了更好地对长期趋势进行分析，建议投资者以周 K 线图为依据进行研究。

当然，在熊市的长期下跌过程中，也会产生数次中期的反弹或上涨行情而形成一些明显的高点，如果将两个重要的中期高点连成一条直线，投资者就会看到每一次的中期反弹或上涨都会受到该条长期下降趋势线的反压，一旦股价放量突破长期下降趋线，就意味着长期下降趋势或熊市的结束和一轮大行情的开始，而成为中长期的最佳买入时机。

一般而言，在一轮较大的上升行情结束之后，将进入较长期的下跌之中，而在下跌过程中，一定会产生数次中级反弹。一般情况下，可以将前面上升行情的最高点与第一次中级反弹的高点连成一条直线，即为下降趋势线。当股价再次创新低并大幅下跌而引发第二次中级反弹且向上突破了下降趋势线时，投资者最容易犯错误，认为是下降趋势已结束，但是事实并不是这样的，股价突破下降趋势线后一般并未涨多少又下跌并创出新低。此时，投资者应将最高点与第二次中级反弹的高点再连成一条线，即修正后的下降趋势线。股价再次下跌后产生中级反弹，又突破了第三条修正的下降趋势线，但股价上升幅度不大且继续下挫，将最高点与第三次中级反弹的高点连成一条线，成为再次修正的下降趋势线。如图 6-3 所示。

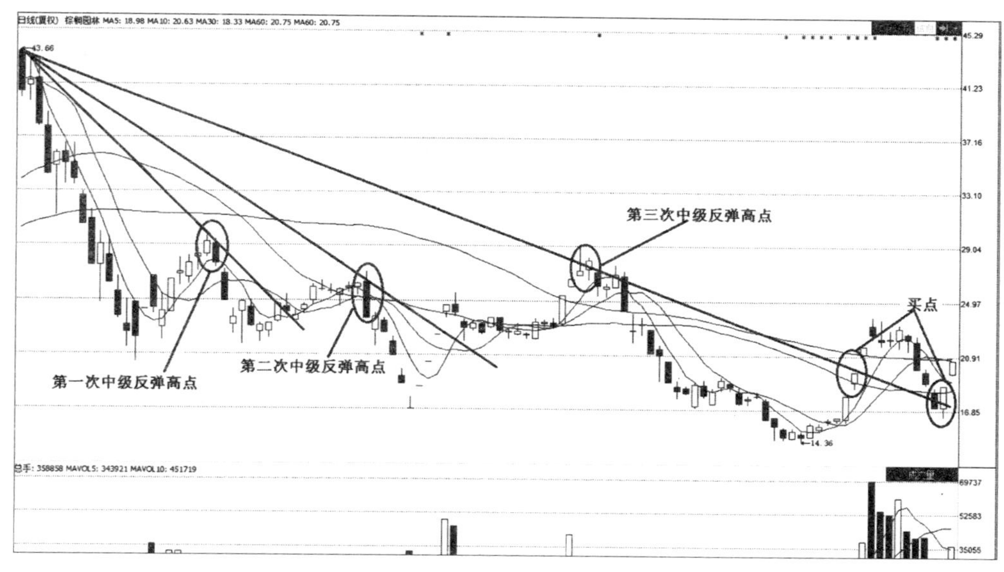

图 6-3　股价突破及回踩第三条修正的下降趋势线的买点

通常情况下，当再次修正的下降趋势线被突破时，就意味着长期跌势的结束，股价将进入中长期的上升阶段。

点金箴言

一个长期趋势要由若干个中期趋势组成，而一个中期趋势要由若干个短期趋势组成。投资者在分析趋势的过程中，应按照从长到短的原则，先分析长期趋势，再分析中期趋势和短期趋势。

根据下降扇形线抄底

所谓扇形线，是由同一个转折点做出连续三根趋势线，且每根趋势线被突破之后都会对该线进行回抽确认，同时该线对下一步的股价走势又形成了支撑或压力。把这种图形展开来，其形状就如同打开的扇面一样，故名“扇形线”。一般而言，扇形形态作为一个长期反转形态，它的显著特征是最近形成的扇形趋势线向上突破。

实际上，扇形线与趋势线有很紧密的联系，初看起来像趋势线的调整。扇形线丰富了趋势线的内容，明确给出了趋势反转（不是局部短暂的反弹）的信号。趋势要反转必须突破层层阻力，概括来说就是，趋势如果要反转向上，必须突破多条压在头上的压力线；如果要反转向下，必须突破多条横在下面的支撑线。微弱的突破或短暂的突破都不能被认为是反转的开始，必须消除所有阻止反转的力量，才能最终确认反转的来临。

下降扇形线是股价形成一定的下降趋势之后，将起始下跌的高点和低位出现的各个高点用直线连接起来，形成多条趋势线（至少两条）。通常情况下，下降扇形线就是利用一个重要的高点作为原始点，以该点与其后的三个明显高点互相连线，组成一个类似于一把打开的折扇形状。如图 6-4 所示。

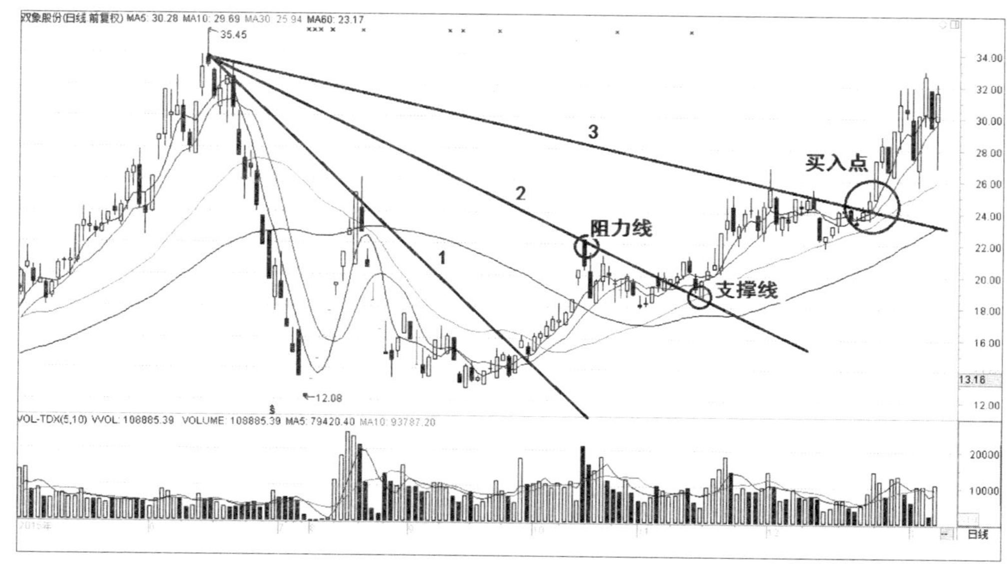

图 6-4　股价突破第三条扇形趋势线确立买入点

随着股价的下跌，形成了第一条下降趋势线；之后股价出现了反弹，在反弹到某个高点之后股价回落，在回落到第一条下降趋势线时获得支撑，那么起始下跌的高点和突破第一条下降趋势线出现的高点连线形成了第二条趋势线；随后，股价继续反弹，在探到另一个更高的点后股价回落，在第二条趋势线处获得支撑，并且又继续反弹，起始下跌的高点和突破第二条趋势线出现的高点连线形成了第三条趋势线。

对于投资者来说，可以从以下几方面把握下降扇形线：第一，下降扇形线属于中长期的压力线，一般出现在长期下跌趋势里，当第三条下降扇形线向上突破时，通常表明长期下跌趋势结束，是牛市开始的强烈信号，而不是市场局部的短暂反弹。第二，第一条、第二条下降扇形线被突破后，在后面的股价下跌过程中，它们将由阻力线变成支撑线，即对股价的下跌起到一定的支撑作用。第三，扇形线依据的是三次突破的原则，当第三条下降扇形线被突破时，就是趋势反转的有效信号，是中长线最佳的买入信号。第四，第三条下降扇形线向上突破时的成交量应较前两次突破时明显增加，前两次突破后升幅不大的原因除了下跌不够深之外，重要的是没有足够大的成交量支持。如果第三条下降扇形线向上突破时成交量配合不理想，后市的升幅就会受限，可能会先进入横盘甚至再跌一小段才展开上升行情。

所以在第一条趋势线中，股价一旦有效跌破上升趋势线时买入。有效突破的标志是放量上涨，三个交易日内股价都在下降趋势线的上方运行。在出现第二条趋势线之后，股价如果缩量回抽至下降趋势线时出现支撑反弹，投资者可以果断介入。

另外如果在第一条趋势线的最低点形成之后，股价在回抽第一条趋势线和第二条趋势线时的低点一个比一个高，那么低点的连线也就形成了上升趋势线，那么在回抽第二条趋势线时也是买点。

点金箴言

一般而言，在实际操作时，扇形线的使用并不方便。一方面，画这些趋势线本身就比较麻烦；另一方面，画出三条趋势线后，并不能保证趋势反转，因为所画的趋势线是否合理还是个问题，通常在三条趋势线完全成立后，趋势才会出现反转。此外，等到第三次突破后，价格往往已经下降或上升了很多，不是最好的交易价格，甚至不是次好的价格，这些都给投资者造成了麻烦。因此，在对技术分析方法了解不够深入的情况下，建议投资者慎用扇形线。

股价向上突破下降通道上轨时抄底

所谓下降通道，是指股价在两条向右下方倾斜的平行线之间有规律地下跌。下降趋势线为下降通道的上轨线，与下降趋势线平行的直线为下降通道的下轨线。事实上，下降通道是下降趋势线分析的延续和补充，在实际应用中更具有实用性和可靠性。

事实上，任何一只股票的上涨或下跌，都在以或平缓或陡峭的大小不同的上升或下降通道中运行。在下降趋势中，股价的高点和低点都不断下移，首先将两个明显的高点连成一条下降趋势线，然后通过一个明显的低点做其平行线，便形成一个向右下方倾斜的下降通道。

一般情况下，股价在下跌过程中，跌至下降通道的下轨线便会遇到支撑止跌，反弹至下降通道的上轨线又会遇阻回落。当股价放量向上突破下降通道上轨线时，表示下降趋势结束，上升趋势即将开始，此时投资者可以买入。如图6-5所示。

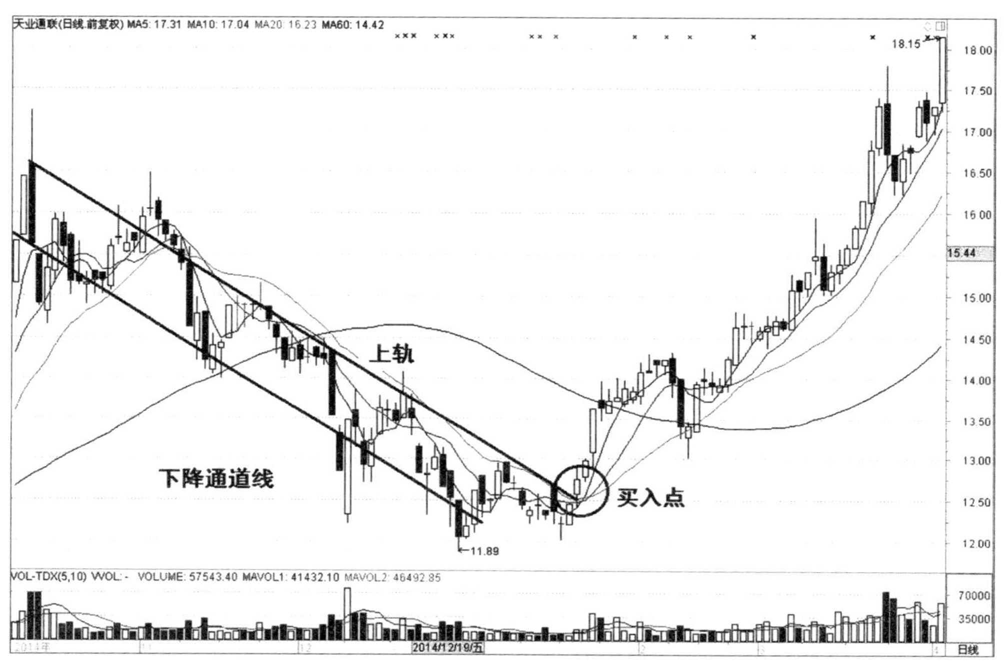

图6-5 股价向上突破下降通道上轨时确立买入点

下降通道具有以下特点。

第一，成交量是衡量突破是否有效的重要指标。股价向上突破下降通道的上轨时，成交量应该放大，否则突破的可靠性降低，或股价出了下降通道后也难以上涨而横向运行。

第二，股价在下降通道中下跌，跌至下轨线获得支撑时也是短线投资者的一个买入信号。

投资者在实际操作中应注意，下降通道有大小，大通道中往往套着小通道。大通道突破后的上升空间大，形成时间长的通道突破后的升幅，比形成时间短的通道突破后的升幅要大且力度更强。一般来说，下降通道有效向上突破后的量度升幅至少是下降通道的垂直高度。

点金箴言

需要强调的一点是，股价突破下降通道后有时会形成缩量回抽确认，然而股价不应再跌回通道内，否则就是假突破，投资者应该修正先前的下降通道并且止损离场。

股价向上突破上升通道的上轨时抄底

一般来说，上升趋势线是由上升趋势的两个谷底连成的直线，当上升趋势线确定以后，将上升趋势线的两个谷底之间的峰顶做一条平行于上升趋势线的直线，该平行线与上升趋势线之间的范围便是上升通道。

在上升趋势中，有时候股价前期的上涨沿着一定的上升通道有节奏地运行，即在上升通道的下轨形成明显的支撑，在上升通道的上轨股价又遇阻回落。但是，在洗盘结束后，主力大幅拉抬，股价放量向上突破上升通道上轨的压力，出现加速上涨，短时间内升幅常常可观，把握得当，短期内可获丰厚利润。因此，在上升趋势中，当股价放量突破上升通道上轨时是短线买入时机。如图 6-6 所示。

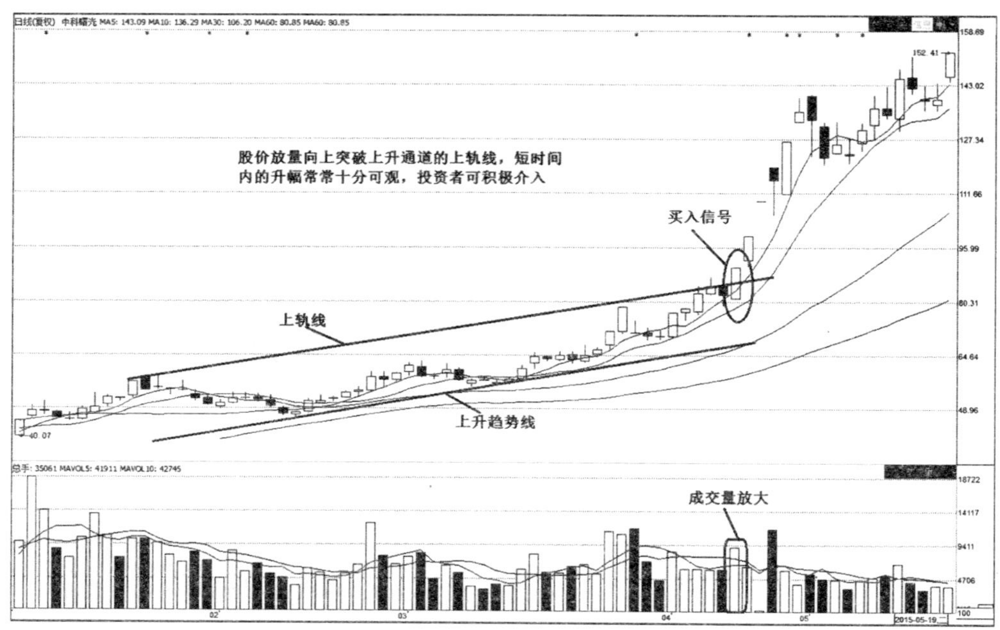

图 6-6 股价向上突破上升通道的上轨时抄底

概括来讲，投资者在实际操作时需要注意以下几点内容：

第一，股价向上突破上升通道的上轨线时必须要有大成交量的配合，否则假突破的可能性大或者难于达到量度升幅。

第二，股价向上突破上升通道的上轨线后的量度升幅是上升通道内的垂直高度或其数倍。

第三，股价向上突破上升通道的上轨线是股价加速上涨和上升趋势末期的信号，持续时间一般不会太长，迟早还会跌回通道之内甚至更低。

第四，股价向上突破上升通道的上轨线后，如果很快又跌回上轨线之内，投资者应止损出局，虽然股价突破后偶有回抽，但也不应收盘在上轨线之下。

需要强调的一点是，因为此前在上升通道中已经累积了大量的获利盘，导致上升通道运行趋势改变与下降通道运行趋势改变的结果迥然不同。上升通道出现股价放量向上突破时往往意味着头部即将来临。如果下降通道形成向上突破，则往往会出现一轮有力度的涨升行情。此外，投资者的心态在上升通道中也较为乐观，一旦向上突破，常常会引发投资者的跟风追涨行为，主力往往趁机派发出货。

事实上，股价向上突破上升通道时往往意味着行情将告一段落，投资者需要把握行情加速上冲的机会获利了结；如果是向下跌破上升通道，投资者需要保持谨慎。上升通道形成后行情具有一定的持续性，但通道一旦破坏就需要时间重新组合，此时投资者可以选择暂时退出，直到形成新的趋势通道再进入。有的时候上升通道的向下破位并不一定就是行情的结束，有时也意味着新的市场机遇即将出现。

概括来讲，投资者需要明白上升通道最终被突破和被改变是必然的结果。然而，大多数投资者认为上升通道形成的向上突破是新一轮行情的爆发，而实际上上升通道的最终向下破位将会打开下跌的空间。

点金箴言

一般来说，在这种情况下，投资者应该关注上升通道的上轨线与下轨线之间的距离，当两者间距逐渐缩小时，则说明即将进入变盘突破阶段，投资者要注意研判趋势的最终突破方向，注意从中长线角度确定投资思路。总而言之，投资者在上升通道被突破或改变的过程中，一定要做到涨不喜，跌不忧，摆正心态以应对行情的变化。

股价回落至箱底获得支撑时抄底

箱体是由水平趋势的两个平行谷底连成的水平趋势线与两个平行峰顶连成水平压力线组成的，介于水平趋势线与水平压力线之间的范围即被称为箱体。水平趋势线称为箱体的箱底，水平压力线称为箱体的箱顶。一般而言，在水平趋势中，箱体的箱顶与箱底的距离不小并有相当的差价，短线操作者可以在箱体中抢反弹。当股票价格下跌碰到箱底时，由于水平趋势线的支撑作用，股票价格进一步下跌的可能性不大，短线操作者可于此时买入股票。

另外，投资者还需要关注箱体底部的支撑力度。如果箱体底部支撑力度弱，股价就可能跌穿箱底，走向调整或漫长熊市之路；如果箱体底部支撑力度强，往往可能使股价有效地突破箱体顶部，从而走出一轮上升行情。如图 6-7 所示。

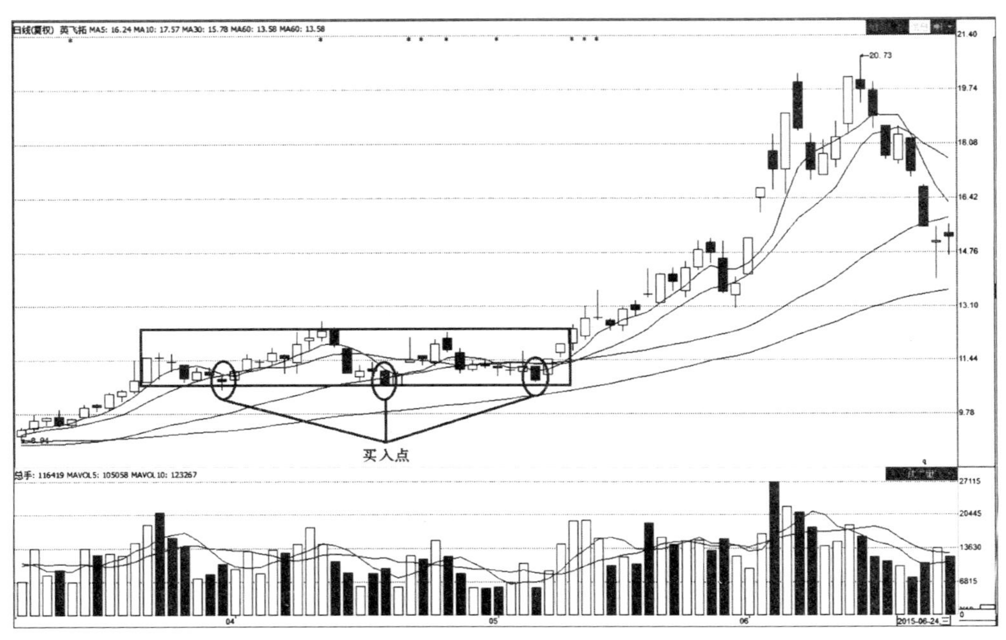

图 6-7　股价回落至箱体底部获得支撑时抄底

一般来说，股价箱体底部的支撑力度由股价回落到箱体底部附近或跌穿箱体时的变化反映出来。如果股价跌穿箱体底部就被迅速拉起，或接近箱体底部时便返身上行，就说明箱体底部的支撑力度较强，有资金在护盘。反之支撑力度则弱，股价会像断线的风筝一样，随意飘荡。因此，投资者在实际操作的时候，当目标股在盘中反复下探箱体底部，如果跌不穿箱体底部，或者刚刚跌穿就被大买单拉起，那么就说明股价受到箱体底部强有力的支撑，这时当股价返身上行，向上有效突破当日盘中的前期高点的时候，投资者要果断下单介入。

点金箴言

在实际操作中，投资者需要关注以下两点：第一，股价在箱体中从箱顶往箱底回落时，成交量应逐渐缩小；股价再回升时，成交量应有所放大。第二，短线投资者应快进快出，把箱底当作止损点，当股价跌破箱底时应及时止损。

利用波浪理论抄底

波浪理论是在证券市场中最常用的技术理论，通过波浪理论了解波浪形态形成的市场机理，有助于了解不同时期市场的不同运行规则，从而方便投资者在不同的行情中及时、准确地把握买卖点。

一、波浪的基本特征

波浪理论认为，不管是多头市场还是空头市场，每个完整循环都会有几个波段。多头市场的一个循环中前五个波段是看涨的，称为推动浪，后三个则是看跌的，称为调整浪。前五个波段中，第 1、3、5，即奇数序号，是上升的，第 2、4、6 波段，即偶数波段是明显看跌的；第 7 为奇数序号 9 则是反弹整理。

就空头市场看，情形则相反，前五个波段是看跌行情，后三个则呈看涨行情。前五个波段中，又是第 1、3、5 奇数序波段看跌，2、4 偶数序波段反弹整理，看涨行情的三段中，则第 6、8 段看涨，第 7 段回跌整理。整个循环依然是一上一下的八个波段。在空头市场，一个循环也构成一个大循环的第一、二个波段，大循环也由八个波段组成。如图 6-8 所示。

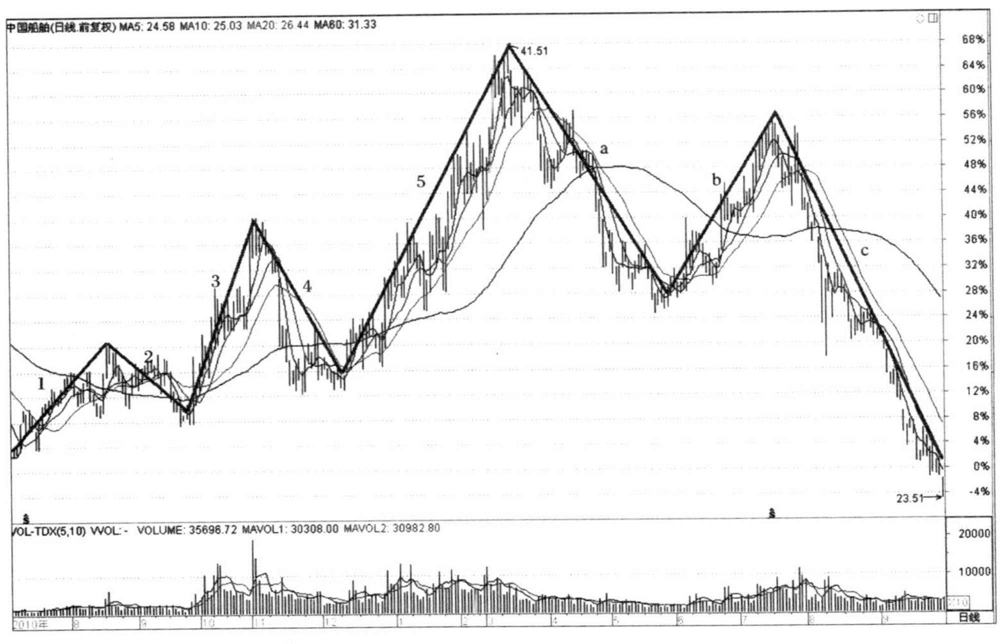

图 6-8 波浪的基本结构

各浪的特征如下：

第 1 浪：第一浪来自于空头市场末期，市场买方力量尚不强大，而往往回调的幅度很深。但第 1 浪通常前期涨幅缓慢，后期上涨迅猛，行情较短。如图 6-9 所示。

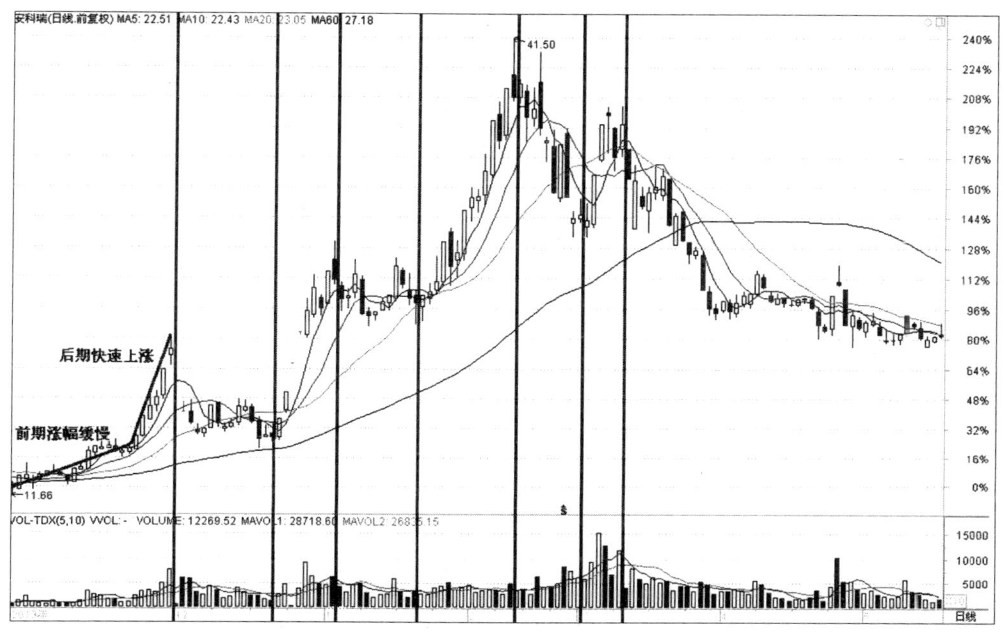

图 6-9　第 1 浪的特征

第 2 浪：第 2 浪以下跌形态出现，使市场误以为熊市尚未完结，因而调整幅度很大，几乎吃掉第 1 浪的升幅。

第 3 浪：第 3 浪是最具爆发力的上升浪，运行时间及上升幅度一般为最长的一个波浪。行情走势激烈，市场热气沸腾，各种压力点位均可轻松而过。技术分析显示强烈的买进信号。第 3 浪经常出现“延长”形态。如图 6-10 所示。

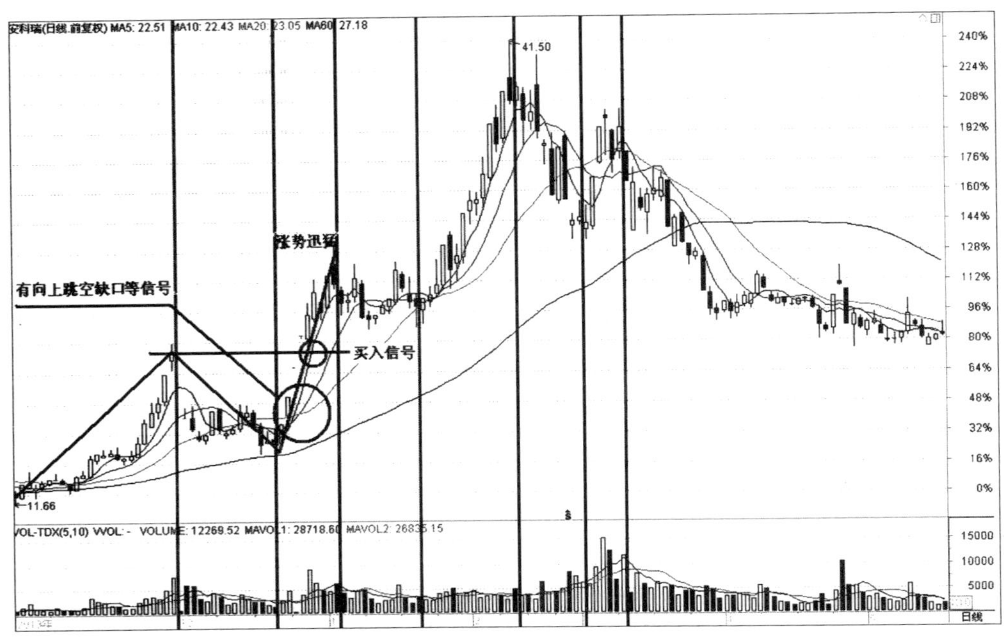

图 6-10 第 3 浪的特征

第 4 浪：第 4 浪为下跌调整浪，通常以比较复杂的形态出现。有时，第 4 浪的形态与第 2 浪可以互换。无论形态如何复杂，一般而言，第 4 浪的底不能低于第 1 浪的顶。如图 6-11 所示。

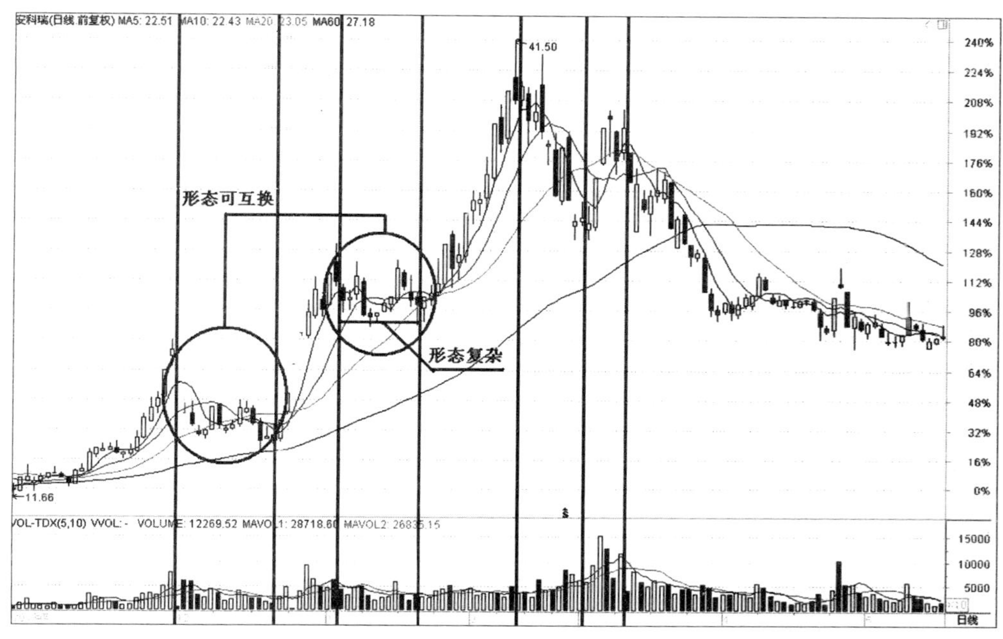

图 6-11　第 4 浪的特征

第 5 浪：第 5 浪的升幅通常小于第 3 浪，且经常出现失败的情况。第 5 浪中涨幅最大的是三四线低价股，有“鸡犬升天”的感觉，此时市场情绪高涨，但已孕育危机。第 5 浪易出现双顶等见顶信号。如图 6-12 所示。

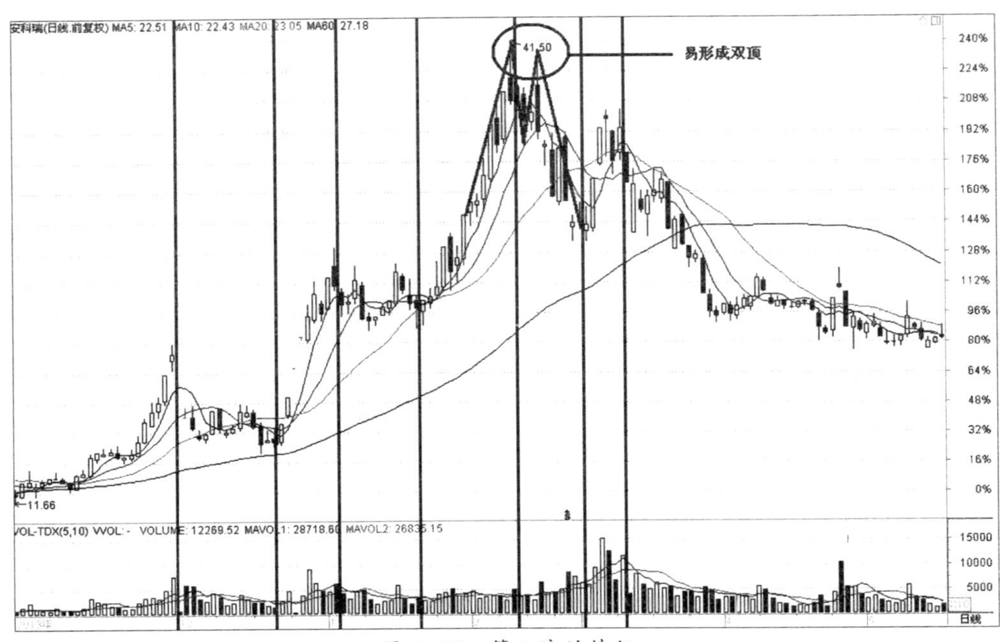

图 6-12　第 5 浪的特征

第 a 浪：a 浪以下跌形态出现，已宣告上升行情的完结，但大多数市场人士仍认为上升还将继续，此时仅为回调，a 浪中的技术分析往往出现背离信号。

第 b 浪：b 浪以上升形态出现，是多头最后的逃命机会，但却很容易使投资者误以为是新一波的上升行情而惨遭套牢。

第 c 浪：c 浪是破坏力极强的下跌浪，其跌幅之深、持续时间之长，往往超出了市场的预期。

二、第 2 浪底最佳买点

第 2 浪是对第 1 浪的调整，这一浪下跌的调整幅度相当大，几乎吃掉第 1 浪的升幅。当行情跌至接近底部（第 1 浪起涨点）时，投资者开始发生惜售心理，成交量也逐渐缩小时，才结束第 2 浪的调整。若市势较强时，调整为第 1 浪涨幅的 0.382 或 0.618，且多数以三个子浪运行。

第 1 浪上升之后，行情出现三个浪的调整形态，三个浪的调整形态可能表示调整波浪已经终结，新的推动浪将会带动股价恢复上升。

假如第一组五个波浪的上升属于推动浪，第 2 浪的回吐比率将为 38%或 62%，而止损盘则应该在第一组五个上升波浪的低点之下，理由是第 2 浪不可以低于第 1 浪的起点。

基于上述分析，第 2 浪通常调整幅度较大，重点买入价位应在调整 62%的地方。另外，如果以 62%调整价位买入，而正常的止损盘相距太远，可考虑将止损盘抬高到 70%的位置。如图 6–13 所示。

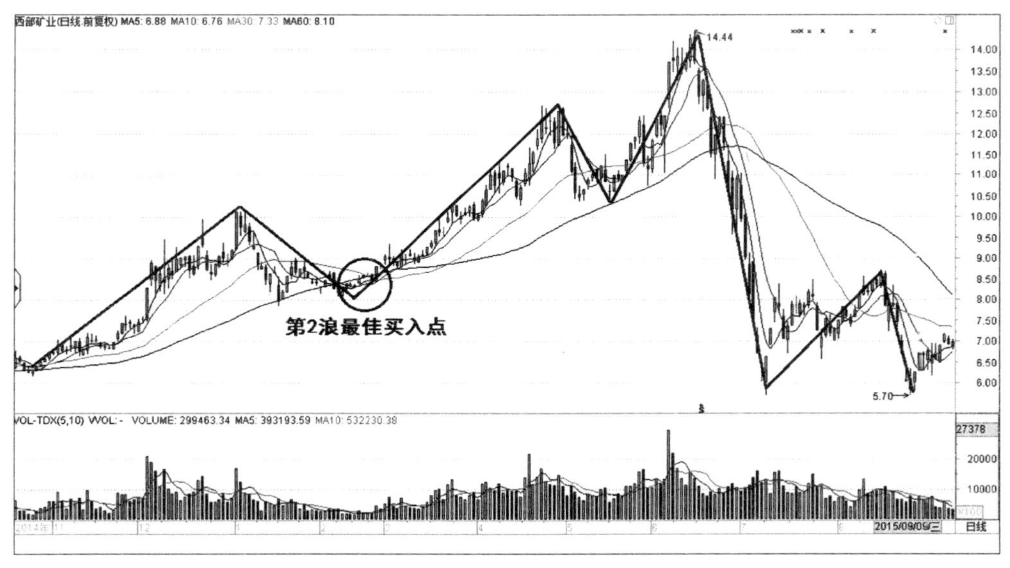

图 6–13　第 2 浪最佳买入点

通常而言，若调整幅度超过 70%，已经可以证明调整幅度太大，第 2 浪的分析可能出错。

在第 2 浪底买入，预期的利润来自最具爆炸性的第 3 浪，第 3 浪往往是升幅最大的一浪。

三、第 3 浪初最佳买点

第 3 浪的涨势可以确认是最大、最有爆发力的。这段行情持续的时间与行情幅度，经常是最长的。此时市场内投资者的信心恢复，成交量大幅度上升。尤其在突破第一浪的高点时，是道氏理论中所谓的买进信号。这段行情的走势非常激烈，一些图形上的关卡，非常轻易地被突破，甚至产生跳空，出现狂飙的局面。由于涨势过于激烈，第 3 浪经常出现“延长波浪”的情况。

中型级第 1 浪以五个小型级的小浪形态上升，其后出现三个向下调整的波浪形成第 2 浪，而且第 2 浪没有跌破 62%位置，接着第 3 浪的第 1 浪和第 2 浪先后运行完毕，股价回升到第 1 浪顶点位置，如果第二天股价以跳空缺口的形式上涨，则证明第 3 浪为强劲上升浪，涨幅必定不小，投资者要坚决买入。如图 6-14 所示。

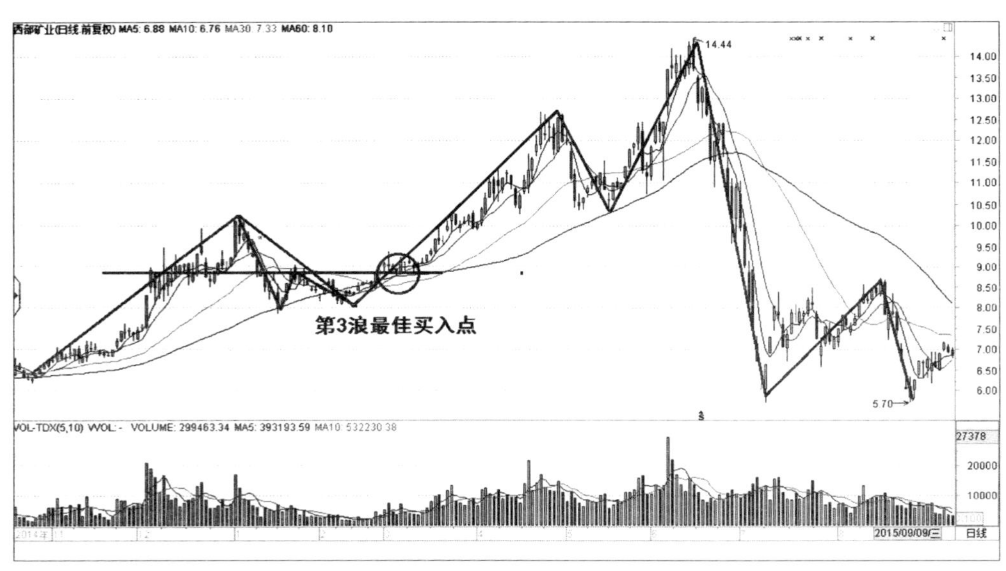

图 6-14 第 3 浪最佳买入点

如果将第 1 浪和第 2 浪放大，可发现，完全符合上述条件，是经过一波上升五浪和下降三浪形成的。在第 3 浪中，股价又是运行了小型级第 1 浪和第 2 浪，而且第 3 浪正好突破中型级第 1 浪的高点。因此，投资者可顺势而为，在第 3 浪中大胆买入，坐享利润。

四、第 4 浪底最佳买点

一个成功完整的波浪形态，如果前三浪没有抓住机会，在第 4 浪底买入，也同样可以获益匪浅，对第 4 浪底的判断，可以根据以下几点。

（1）第 4 浪调整到第 3 浪的 38%位置。

（2）回吐至上一浪的第 4 浪范围。

（3）可能与第 2 浪的长度相同。

假如股价不符合条件，很可能调整失败，投资者要在不同的价位分仓买入，以回避风险。另外，第 4 浪除非是斜三角形整理，否则不可和第 1 浪重叠，如果出现重叠，则证明数浪方式错误。如果股价符合以上要求，则可靠性非常高，股价即将迎来第 5 浪的大幅上涨行情。如图 6-15 所示。

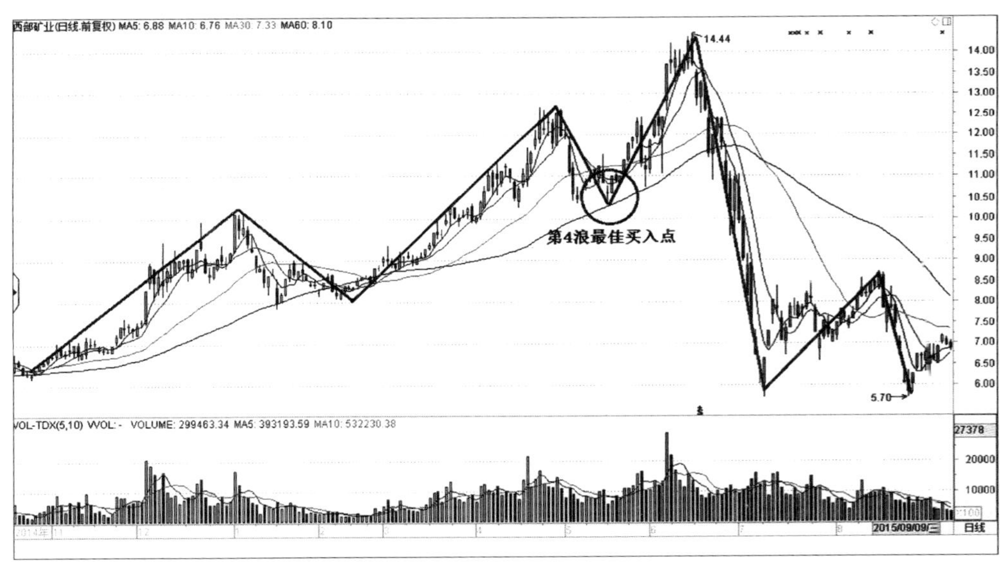

图 6-15　第 4 浪最佳买入点

点金箴言

五浪运行结束之后，市场均会面临一个较大幅度的反向运动，因此如果在市场中出现下跌五浪，则我们有机会利用波浪理论预测的波浪理论的底部进行买入操作，并获得一个反弹过程中较大幅度的收益。而如果反弹最终成为了一个反转走势，则投资人基本是成功抄底了。由于第 5 浪走势通常需要一些基本面上因素配合，而第 3 浪通常运行幅度又较大，因此单纯的预测第 5 浪的走出并持有相应股票会面临一定的风险，因此要注意谨慎。

第七章 根据技术指标抄底

投资者在运用技术指标时，经常会遇到股价走势与指标走势相背离的现象。背离，简单地说就是走势不一致。当背离的特征出现时，就是一个比较明显的采取行动的信号。

MACD 指标抄底法

MACD 是平滑异同平均线的英文简称，是除了均线以外的另一种常用的趋势类技术指标。它可以跟踪股价运行的趋势，研判买卖时机。MACD 不仅保留了移动平均线的效果，而且通过一些特定的运算去除了普通移动平均线频繁发出虚假信号的弊病。MACD 指标由两条曲线、一个柱状图组成的。

一、MACD 指标底背离抄底法

底背离可分为 MACD 黄白线与股价的底背离和红绿柱与股价的底背离，由于红绿柱对股价的反应过于灵敏，所以不适合作为中长线操作的参考，但可以作为短期信号；而黄白线类似于均线，具有趋势性，所以作为中长线参考意义较大。

MACD 指标的底背离一般出现在股价的低位位置，当股价指数逐波下行，而 MACD 指标图形上的由绿色柱线构成的图形的走势是一底比一底高，即当股价的低点比前一次低点低，而指标的低点却比前一次的低点高时，就出现了底背离现象。底背离现象一般预示着股价在低位可能反转向上，是短期买入股票的信号。

底背离是较为可靠的反弹信号，多数情况下，在出现底背离现象后股价都会形成一波上涨走势，但如果出现一次底背离就匆忙买入，却极易被套，这是因为，下跌趋势形成后，在下跌途中会出现盘整或是反弹的走势，此时的 MACD 黄白线经常会发生底背离的现象。由于只是盘整或反弹，待盘整或反弹结束后股价会重新向下滑落，在下跌的途中又会出现新的盘整或是反弹走势，那么 MACD 的底背离也会出现多次，也就是背离后的再次背离。如图 7-1 所示。

图 7-1　MACD 指标底背离抄底

虽然说 MACD 黄白线与股价的底背离是股价见底的技术特征之一，但在下跌初期和下跌途中出现的底背离，多是短线超卖所致，并不代表空头力量已经彻底释放，此时出现底背离后，股价多半会形成反弹走势，但并不会形成反转，如果急于抄底，风险极大。

在实践中，MACD 指标的背离一般出现在强势行情中比较可靠，股价在低位时，一般要反复出现几次背离后才能确认。投资者在应用 MACD 指标底背离时，应注意识别假背离，一般来说，假背离往往具有以下几种特征。

第一，某一时间周期背离，其他时间并不背离。比如，日 K 线图背离，但周 K 线图和月 K 线图并不背离。

第二，没有进入指标高位区域就出现背离。我们所说的用背离确定顶部和底部，技术指标在高于 80 或低于 20 背离比较有效，最好是经过了一段时间的钝化。而在 20~80 之间往往是强市调整的特点而不是背离，后市很可能继续上涨或下跌。

第三，某一指标背离而其他指标并没有背离。各种技术指标在背离时往往由于其指标设计上的不同，背离时间也不同，在背离时 KDJ 指标最为敏感，

RSI 指标次之，MACD 指标最弱。单一指标背离的指导意义不强，若各种指标都出现背离，这时股价见顶和见底的可能性较大。

二、MACD 指标金叉抄底法

MACD 指标的 DIF 线向上突破 DEA 线时，形成所谓金叉，表明股价处于多头强势之中，通常后市会继续上涨，投资者可以买进。MACD 指标金叉本身有强弱之分，在 0 轴之下是股价的反弹走势，但多头暂时占据优势，我们可以参与做反弹；在 0 轴之上则是股价调整之后的再度走强，是我们加仓和全力以赴参与的机会。如图 7–2 所示。

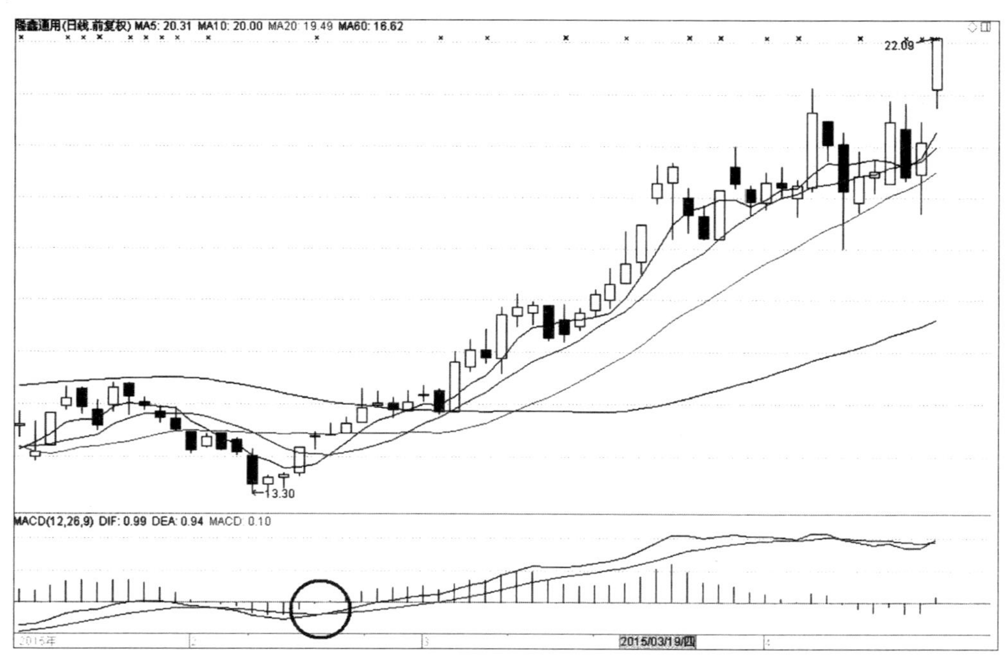

图 7–2　MACD 指标金叉抄底

但是 MACD 指标金叉有时候也可能是诱多陷阱，并不是所有的金叉都是买入机会，需要我们结合股价的整体位置、成交量和平均线走势来研判，同时也可以用技术形态和其他技术指标来辅助研判。

股价在低位时，MACD 指标在 0 轴下运行，金叉只能算是反弹，预期不能太高。在 0 轴附近的金叉通常是股价上升途中经过回调蓄势后的再度上攻，这种金叉潜力比较大，是适合进场的机会。在高位的金叉则只能当作短线机会，快进快出，一旦股价滞涨则需立刻出局，风险比较大。如图 7–3 所示。

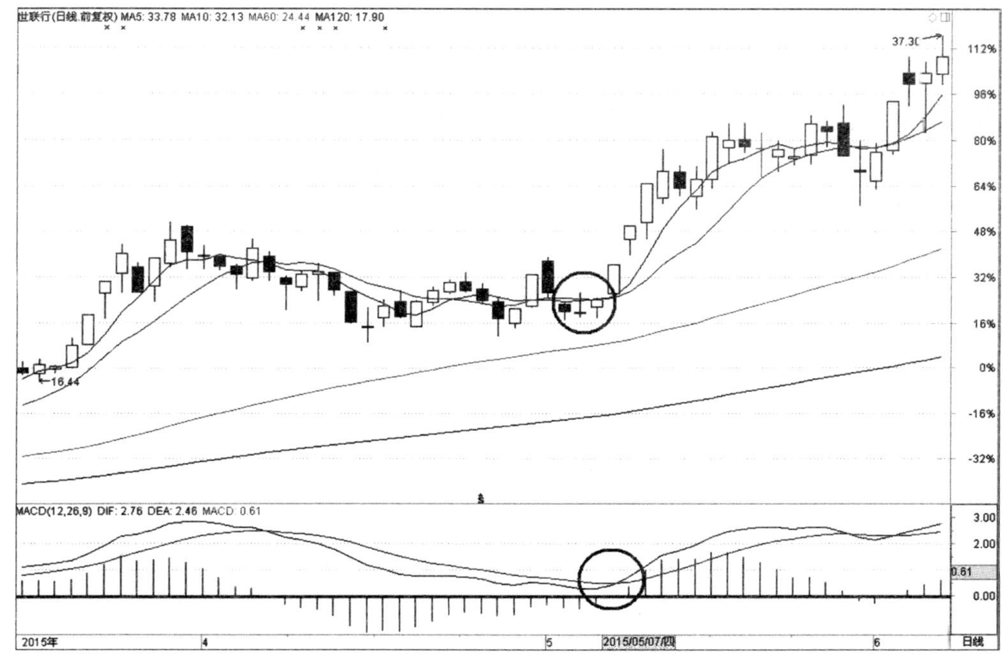

图 7–3　0 轴附近的金叉潜力最大

投资者还可以依据指标的金叉与均线相结合，来判断买入点。运用日 MACD 指标金叉和股价向上突破 120 日均线相配合，更能佐证投资决策的安全性和可靠性。当该股股价 K 线向上突破 120 日均线以后，预示着该股的中短期上升趋势可能形成，此时投资者应密切关注 MACD 指标的走势。一旦该股的日 MACD 指标也出现“黄金交叉”，说明该股的中短期走势将进入强势拉升行情，这是 MACD 指标显示的买入信号，投资者可中短线买入。在股价向上突破 120 日均线和日 MACD 指标金叉的当天，如果该股的成交量显著放大，说明有新资金进场。在股价向上突破 120 日均线和日 MACD 指标金叉之间的这段时期内，如果该股的成交量持续放大，那么，这两种技术分析相结合所发出的买入信号更准确、可靠。

点金箴言

如果底背离现象出现在下跌趋势后期，并且在此之前已经出现过几次底背离的现象，此时股价即使下跌也是以无量空跌的方式出现，空头排列中的均线系统排列方式有发生转变的迹象，此时可重点关注。因为多次的底背离现象出现，预示着空头已无力打压股价，多头开始聚集力量，随时会发起进攻。需要提醒投资者注意的是，下跌趋势形成后，在下跌途中出现底背离时大多会形成反弹走势，但极少会形成反转，弱势中的底背离可以一背再背。

KDJ 指标抄底法

KDJ 指标是根据统计学的原理，利用一个特定的周期（通常为 9 日、9 周等）内出现过的最高价、最低价、最后一个计算周期的收盘价及这三者之间的比例关系，来计算最后一个计算周期的未成熟随机值 RSV，然后根据平滑移动平均线的方法来计算 K 值、D 值与 J 值，并绘成曲线图来研判股价走势。

一、KDJ 指标底背离抄底法

背离现象是技术指标在运行过程中值得投资者高度关注的，KDJ 指标也不例外。一旦背离现象产生，投资者应当保持警惕，因为此时价格运行的趋势往往会在今后一段时间内出现转变。KDJ 指标的背离就是指 KDJ 指标曲线的走势方向正好和 K 线图的走势方向相反。当 K 线图上的股价走势一波比一波低，股价在向下跌，而 KDJ 指标的走势是在低位一底比一底高时，就出现了底背离现象。底背离现象一般预示着股价将在低位反转，表明股价在中短期内将上涨，是买入的信号。如图 7-4 所示。

图 7-4　KDJ 指标底背离抄底

随机指标的最大优点之一就是对背离现象的分析。但是，投资者需要注意的是，绝不可只重视背离现象分析而把基本的趋势分析扔在一边。大多数精于随机指标分析的人都明白，随机指标的买入信号处在上升趋势中更灵验，而随机指标的卖出信号处在下降趋势中更有效。投资者在分析市场的时候，首要的是确认市场的一般趋势，如果趋势向上，则应采取买入的策略，然后再利用随机指标的帮助来寻求入市时机。当市场在上升趋势过程中处于超卖状态时（技术指标向上穿越 0 线），投资者可买入。

要识别股价与 KDJ 指标底背离是不是陷阱，首先要关注股价的整体位置。如果股价前期跌幅巨大，股价已经严重超跌，底背离后反转的可能性比较大。如果前期跌幅并不大，空头动能还没得到彻底释放，则底背离很可能是诱多陷阱。其次我们要关注后市走势，任何指标信号都要用股价的实际走势来确认。

二、KDJ 指标金叉抄底法

经过一段较长时间的下跌后，股价进入底部横盘整理，同时，KDJ 指标曲线中的 K、D 和 J 三线也向下运行了很长一段时间。当 J 线和 K 线的运行态势由前期的下跌，逐渐转向上行，并向 D 线靠拢，就预示股价有止跌企稳迹象。一旦 J 线和 K 线向上突破 D 线，形成指标曲线的“黄金交叉”，这是日 KDJ 指标显示的第一个买入点，投资者可以及时买入。如果 KDJ 指标的金叉是出现在 50 以下，当 KDJ 指标中的 D 线向上突破 50 线时，是第二个买入点。金叉和 D 线向上突破 50 线时，如果该股成交量同步放大，买入信号可靠性更高。如图 7–5 所示。

图 7–5　KDJ 指标金叉抄底

在实际的股票买卖过程中，当股票价格始终无法有效地突破中长期均线时，不论 KDJ 指标如何发出买入信号，都只能将其当作短线的买入时点，切忌进行中长期投资。如果股票价格远离长期均线时，KDJ 指标发生黄金交叉，这时股票价格有超跌反弹的可能，投资者也可以进行短线操作。

点金箴言

KDJ 指标底背离需要经过反复几次才能确认，投资者不能看到底背离就买入股票，而应等待更为明显的止跌回稳迹象。投资者在使用底背离分析股价运行趋势时，最好能结合其他技术分析指标进行综合研判。一旦各个指标都发出买入信号，投资者就可以买入股票了。KDJ指标底背离形态能够大致判断股票的买入时机，却难以具体到买入点。因而，投资者在应用这一买入技巧时，最好能与其他技术分析手段综合运用，以确保准确定位买入点。

TRIX指标抄底法

TRIX指标又称为三重平滑平均线指标，属于趋向类指标，是一种研究股价趋势的中长期技术分析工具。

TRIX指标是根据移动平均线理论，对一条平均线进行三次平滑处理，再根据这条移动平均线的变动情况来预测股价的长期走势。它一方面忽略价格短期波动的干扰，去除了移动平均线频繁发出假信号的缺陷，以最大可能地减少主力骗线行为的干扰，避免由于交易行为过于频繁而造成较大交易成本的浪费，另一方面则保留移动平均线的效果，凸显股价未来长期运动趋势，使投资者对未来较长时间内股价运动趋势有直观、准确的了解。因此，对于稳健型的投资者来说，TRIX指标可以对实战提供有益的参考。

一、TRIX指标底背离抄底法

TRIX指标底背离也就是在股价K线图上股票走势一峰较一峰低，股价处于下跌趋势，但TRIX曲线走势却截然相反，这就是底背离现象。

底背离现象通常是股价在低位反转的信号，说明股价将会在短期内上涨，是较强烈的买入信号。指标背离通常出现在强势行情中可靠，也就是在高价位时，通常只要出现一次，底背离形态就能够被确认，行情将会反转；若出现在股价低位时，通常要反复出现多次底背离才能够被确认底部行情将反转。

二、TRIX指标底部反转形态抄底法

当TRIX曲线在低位形成W低或三重底等底部反转形态时，意味着股价的

下跌动能已经减弱，有可能构筑中长期底部，是一种买入信号，投资者可逢低分批建仓；如果股价走势曲线也先后出现同样形态则更可确认。TRIX 曲线顶部反转形态对行情判断的准确性要高于底部形态。

三、TRIX 指标的黄金交叉抄底法

一般而言，在一只股票的完整的升势过程中，TRIX 指标中的 TRIX 线和 TRMA 线会出现两次或以上的“黄金交叉”情况。TRIX 线和 TRMA 线的黄金交叉，是一种比较明显的买进信号。

当股价经过一段很长时间的下跌行情后，TRIX 线在中低位开始向上突破 TRMA 线时，表明股市即将转强，股价跌势已经结束，将止跌朝上，这是 TRIX 指标“黄金交叉”的一种形式，是中长线买入信号。

当股价经过一段时间的上升后，进入中途盘整行情，TRIX 线开始再次向上突破 TRMA 线，表明股市仍处于一种强势之中，股价将再次上涨，投资者可以短线买入或持股待涨。如图 7-6 所示。

图 7-6　TRIX 指标黄金交叉抄底

如果 TRIX 曲线在 TRMA 曲线下方，向下运行了很长一段时间。同时，该股股价近期跌幅比较大，或底部横盘整理时间比较长。当 TRIX 曲线的运

行方向由向下滑落转为水平运行时，就意味着股价的下跌趋势变缓，有探底回升的迹象。一旦 TRIX 曲线向上突破 TRMA 曲线，形成 TRIX 指标的“黄金交叉”，预示着该股中短期上升行情即将展开，这是 TRIX 指标显示的买入信号，投资者可及时买入。如果 TRIX 指标曲线形成金叉的前后一段时间内，该股的成交量明显放大，那么这种买入信号的准确性更高。

点金箴言

TRIX 指标与 MACD 指标一样，比较适合于单边的趋势性行情，在震荡行情中效果不大，所以 TRIX 指标无法判断短期内股价的走势，多用在判断长期趋势变化更为合适。当 TRIX 曲线向上突破 TRMA 曲线金叉买入后，如果 TRIX 曲线快速向上，同时 TRMA 曲线的运行方向几乎同步向上，说明该股上升行情正强势展开。只要 TRIX 曲线一直在 TRMA 曲线上方运行，没有向下跌破日 TRM 曲线的迹象，就预示着该股的上升行情远未结束，投资者可安心持股待涨。

CCI 指标抄底法

CCI 指标即顺势指标，是由美国股市分析家唐纳德·蓝伯特（Donald Lambert）所创造的一种重点研判股价偏离度的股市分析工具。该指标是一种独特的技术指标，跟大多数单一使用股票收盘价、开盘价、最高价或者最低价而创造出的技术分析指标不同，CCI 指标是以统计学原理并且结合价格和固定期间股价平均区间的偏离程度为基础，重点指出股价平均绝对偏差对股票技术分析的重要性。

一、CCI 指标底背离抄底法

所谓 CCI 指标的背离，是指 CCI 指标曲线的走势和股价 K 线的走势方向正好相反。CCI 指标的背离分顶背离和底背离两种。大部分 CCI 指标的背离现

象发生在 +100 以上或 -100 以下的区域，在 +100 和 -100 之间的区域里，不仅出现背离现象的机会不大，而且没有实际的研判意义。

CCI 指标的底背离只能发生在 -100 以下的区域，是一种预示股价即将在底部反转的提示性信号。当 CCI 曲线在远离 -100 以下的区域创出新低后率先勾头向上，并形成指标曲线一底比一底高的走势，而 K 线图上的股价一路下跌，形成一波比一波低的走势，这就是 CCI 指标的底背离。底背离现象一般预示着股价短期内可能反弹，是短期买入的信号。如图 7-7 所示。

图 7-7　CCI 指标底背离抄底

二、CCI 曲线抄底法

1.CCI 指标的第一个买入点

当 CCI 指标曲线在 -100 线下方运行了一段时间以后，该股前期累计跌幅比较大，一旦 CCI 曲线由横向运行趋势开始转变为向上运行时，投资者应密切关注 CCI 曲线运行态势的变化。一旦 CCI 曲线向上突破 0 轴，预示着股价底部横盘整理趋势可能结束，这是 CCI 指标发出的第一个买入信号。如图 7-8

所示。

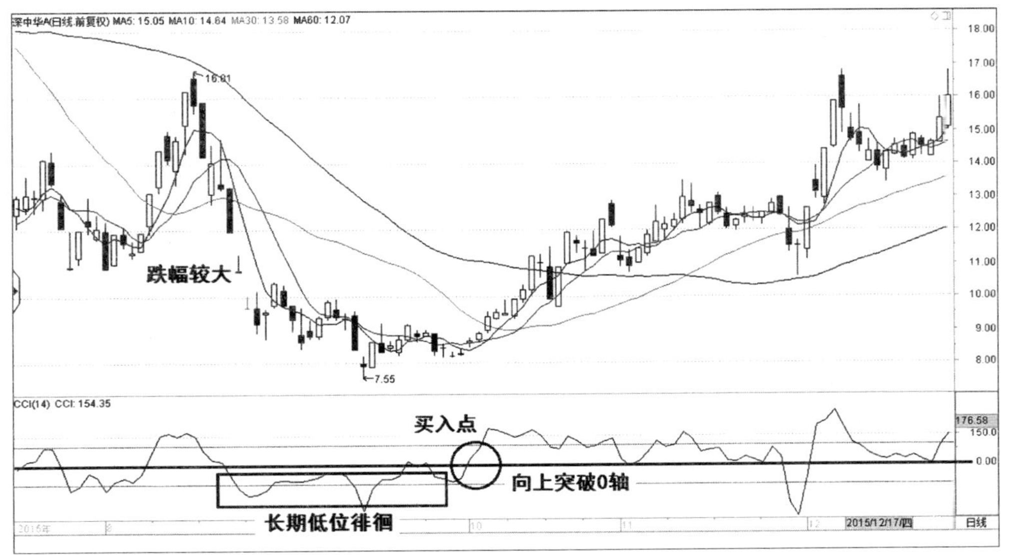

图 7-8　CCI 指标的第一个买入点

2.CCI 指标的第二个买入点

当 CCI 指标曲线自上向下运行在 +100 线至 –100 线区间时，表明股价进入多空平衡区域。当 CCI 曲线在 +100 线至 –100 线之间横向运行了一段时间以后，表明股价处于上升阶段的整理走势。当 CCI 曲线在 –100 线下方由横向运行趋势开始转为向上运行趋势时，投资者应密切关注 CCI 曲线运行态势的变化。一旦 CCI 曲线向上突破 +100 线，就预示着股价在上升过程整理态势可能结束，是 CCI 指标发出的第二个买入信号。

点金箴言

CCI 指标只在超买和超卖区域发生作用，但是，在不同的市场走势中，这两种作用又是不同的。在一个牛市里，CCI 最有价值的应用，是判断短线回调的底部拐点；在一个熊市里，CCI 最有价值的应用，是判断短线反弹的顶点。

ADR 指标抄底法

ADR 指标又叫涨跌比率指标或上升下降比指标，是将一定时期内上市交易的全部股票中的上涨家数和下跌家数进行比较，得出上涨和下跌之间的比值并推断市场上多空力量之间的变化，进而判断市场上的实际情况的技术指标。ADR 指标侧重于多空双方力量的比值变化，它和 ADL 一样，不能用于选股与研究个股的走势。

ADR 指标的构成基础是“钟摆原理”，即当一方力量过大时，会产生物极必反的效果，其向相反方向摆动的拉力越强，反之亦然。该原理表现在股市上，就意味着当股市中人气过于高涨，股市屡创新高之后，接下来可能就会爆发一轮大跌的行情，而当股市中人气低迷、股价指数不断下挫而跌无可跌的时候，可能一轮新的上涨行情即将展开。

ADR 常态分布为 0.5 ~ 1.5，ADR 值在 1.5 之上为超买区，ADR 值小于 0.5 为超卖区。在大多头市场和大空头市场里，常态分布的上下限将扩大到 1.9 以上及 0.4 以下。

一、ADR 指标抄底法

ADR 指标的一般研判标准主要集中在 ADR 数值的取值范围和 ADR 曲线与股价综合指数曲线的配合等方面。

1.ADR 线和指数同步上升时买入

指数和 ADR 线同步上升时，说明多头力量比较强，后市还会继续上涨。特别当大盘指数下跌到低位之后，展开反弹行情的过程中出现这一信号，投资者应当毫不犹豫地买入股票。

2.ADR 线上升，指数下降底背离时买入

大盘指数处于持续下跌的途中，但是 ADR 线却开始上升称为底背离，这

是股指见底反弹的一种信号，背离的当天可继续做多。

二、ADR 指标应用的注意事项

投资者在使用 ADR 指标时应该注意以下几点。

（1）ADR 是针对指数的技术指标，个股行情中并没有 ADR 指标。

（2）不同市场上的指数，其 ADR 指标数值会有所不同。同一个市场上的指数，即使成分股不同，其 ADR 指标数值也是相同的。例如，上证指数和深证成指的 ADR 指标数值不同，但上证指数和上证 180 指数的 ADR 指标数值就是相同的。

（3）与 ADR 指标类似的技术指标还有 ADL（腾落指数）。ADL 是统计历史上每个交易日上涨家数和下跌家数之差，然后将差额加总。投资者在使用 ADR 指标时也可以结合 ADL 进行判断。

点金箴言

ADR 的缺点之一在于该指标对行情的领先反应过于敏感，尤其是在大多头或者大空头市场中，极易发出错误的信号。ADR 的缺点之二在于当 ADR 指标显示指数已经处于超买或者是超卖的状态时，股指不一定会马上出现反转的形态。

ASI 指标抄底法

ASI 指标即振动升降指标，由威尔斯·威尔德（Welles Wilder）研究所创。它通过开盘价、最高价、最低价、收盘价与前一交易日的各种价格相比较作为计算因子，从而判断市场的行情和趋势。

ASI 指标的创造者威尔斯·威尔德认为：当天的交易价格并不能表现出当时的真实市场情况，真实的市场情况要根据当天价格以及前一天和后一天价格间的关系进行判断。在经历了无数次测试后，他验证了 ASI 计算公式的因子最可以表现市场的方向性。

由于这一原理，所以当需要判定趋势的时候，ASI 会比当天甚至当时的市场价格更具有可靠性，再加上 ASI 精密的数值运算，可以说为投资者提供了较为精确的买卖信息。

一、ASI 指标底背离抄底法

当股价还在持续下跌的过程中，ASI 线却不再创新低而开始上升与股价形成底背离的形态时，投资者应在底背离形成日买入股票。

二、ASI 指标突破前期高点抄底法

ASI 大部分时间都是和股价走势同步的，投资人仅能从众多股票中寻找少数产生领先突破的个股，当股价由下向上突破，接近前期的高位套牢区，但无法判断股价是否有能力创新高时，如果 ASI 领先股价，提早一步通过相对股价的前一波 ASI 高点，则次一日之后，股价必然能够顺利突破高点套牢区，投资者可以把握 ASI 的领先作用，提前买入股票。如图 7-9 所示。

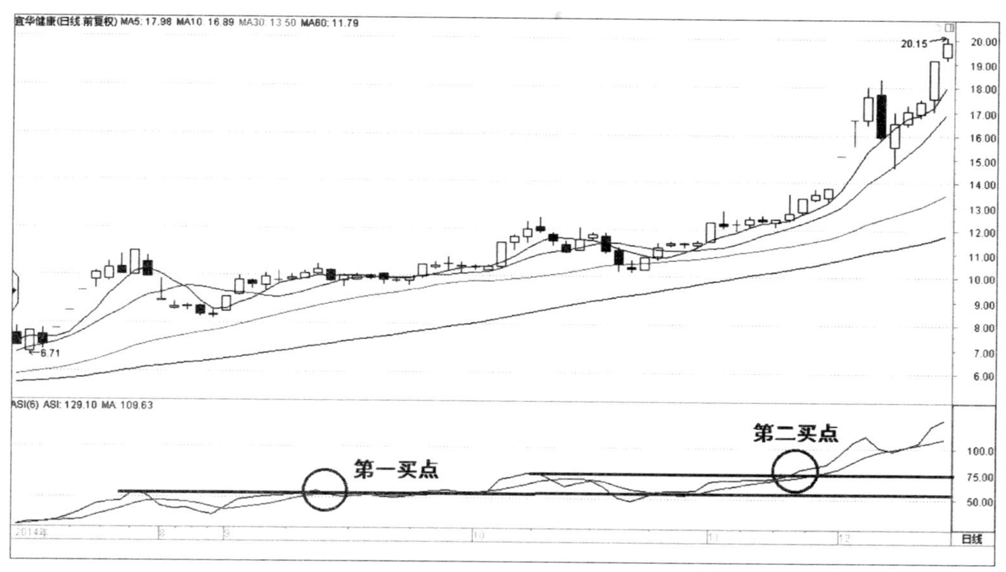

图 7-9　ASI 指标突破前期高点抄底

三、ASI 曲线抄底法

ASI 曲线在 MA 曲线下方运行了很长一段时间以后，同时，该股股价也在相对底部，经过了一段时间的无量整理。当 ASI 曲线的运行方向由前期的向右下方倾斜逐渐转为水平运动，并慢慢向 MA 曲线靠拢时，投资者应密切关注股价是否筑底成功。一旦 ASI 曲线开始向上突破 MA 曲线，就预示着股价短期上涨动能逐渐增强，该股中短期上升趋势开始形成，是 ASI 指标显示的买入信号。如果 ASI 曲线在向上突破 MA 曲线时，该股的成交量明显放大，这种买入信号可靠性更强。ASI 曲线在 MA 曲线下方运行的时间越长，这种买入信号的准确性越高，未来涨升的空间也越大。如图 7-10 所示。

图 7-10　ASI 曲线下行后上穿 MA 曲线确立买入点

点金箴言

在其他超买超卖指标提示股价已严重超卖时，若 ASI 指标再创新低，则套牢者不可轻易进场补仓或抢反弹，必须等到 ASI 指标横向波动几日而股价在单日出现快速反弹之后，方可考虑低位补仓。

VR 指标抄底法

VR 指标，即成交量比率，它通过计算一定时期内股价上涨日成交额与股价下跌日成交额的比值来分析市场买卖人气。它主要用于个股分析，是从成交量方面来测量股价热度，在过热市场及低迷盘局中，对辨别头部及底部有重要作用。

VR 指标的实质为成交量的强弱指标，当 VR 低于一定数值时，市场极易形成底部，而超过一定的数值时，市场可能产生一段多头行情，而达到一定的数值以上时，市场随时有反转的可能，提醒投资者要注意风险。

VR 指标值可以分为四个区域，如表 7-1 所示。

表 7-1 VR 指标值

VR 值	区域	操作
介于 40 ~ 70 之间	低价区	可择机建仓
介于 80 ~ 150 之间	安全区	可持股待涨或择机加仓
介于 160 ~ 450 之间	获利区	出现空头信号应获利了结
大于 450	警戒区	应择机果断卖出股票

一、VR 指标底背离抄底法

股票在下跌过程中形成了一底比一底低的走势，同时 VR 线在低位形成了一底比一底高的走势，这是底背离的形态。股价与 VR 形成底背离时应买入股票。如图 7-11 所示。

图 7-11　VR 指标底背离抄底

二、VR 指标三重底抄底法

当 VR 指标连续三次下跌到几乎同一个位置获得支撑反弹时，就形成了三重底形态。当 VR 指标的第三个底部形成时，就说明空方力量已经难以继续增强，未来股价即将上涨，此时投资者可以先适当买入股票，建立部分仓位。如果将前两次 VR 指标回调的高点用直线连接起来，就形成该指标的颈线。未来一旦 VR 指标能够突破颈线，说明该指标已经见底，即将开始反弹，而这也就意味着市场上的多方力量将持续增强，这是看涨买入信号。

三、超卖区抄底法

当 VR 跌到 40 以下，说明处于低位区，股价已经出现了严重的超卖，随时会出现反弹行情，投资者应当择机买入。

四、MAVR 低位平移买入法

股价在持续下降的过程中，出现了一波比一波低的走势，同时 VR 指标中的平均线 MAVR 呈现横向移动，这是低位反转信号。当 MAVR 平均线结束平移走势时，应当买入股票。

点金箴言

VR 指标通过将成交量量化，帮助投资者掌握市场中资金的供需关系，以及买卖气势等。这对于投资者来说，可以更好地掌握股市信息，研判行情，以减少投资风险和规避损失。但在实际应用 VR 指标过程中，投资者需要注意，VR 指标在低价区买入的信号比较可信，但在高位区，VR 指标的可信度会有所降低，投资者应该多参考其他指标，因为股价不一定见顶，很有可能会继续上涨。

OBV 指标抄底法

OBV 是由投资专家葛兰威最初提出来的，利用股价和股票成交量的指标来反映人气兴衰，人为地按照股价的涨跌将成交量标为正负，进行累加运算，并将其制成曲线，再从价格的变动及成交量的增减关系，判断市场趋势，即价涨量增，价跌量缩。如果量价背离，则说明之前的趋势将会发生反转。OBV 是判断市场的重要短线指标之一。

一、OBV 指标底背离抄底法

股价经过长时间的下跌后，如果 OBV 指标却开始掉头向上或者不再下跌，这是短线的止跌信号，投资者可以买入股票。如图 7-12 所示。

图 7-12 OBV 指标底背离抄底

二、OBV 指标底部形态抄底法

股价在低位区形成 W 底，同时 OBV 线也形成 W 底，则底部获得确认的可能性很大，右底形成日为最佳买入时机。股价和 OBV 线同时形成三重底或者多重底，则底部获得确认的可能性更大。如图 7-13 所示。

图 7-13 OBV 指标底部形态抄底

三、OBV 指标突破前期平台抄底法

当 OBV 曲线在一定的水平位置横向运行了很长一段时间以后，一旦 OBV 曲线快速向上运行突破前期平台，并且股价也带量向上突破中长期均线时，说明多头力量开始占据优势，股价将在大的量能的配合下快速上涨，这是 OBV 指标的买入信号。如图 7-14 所示。

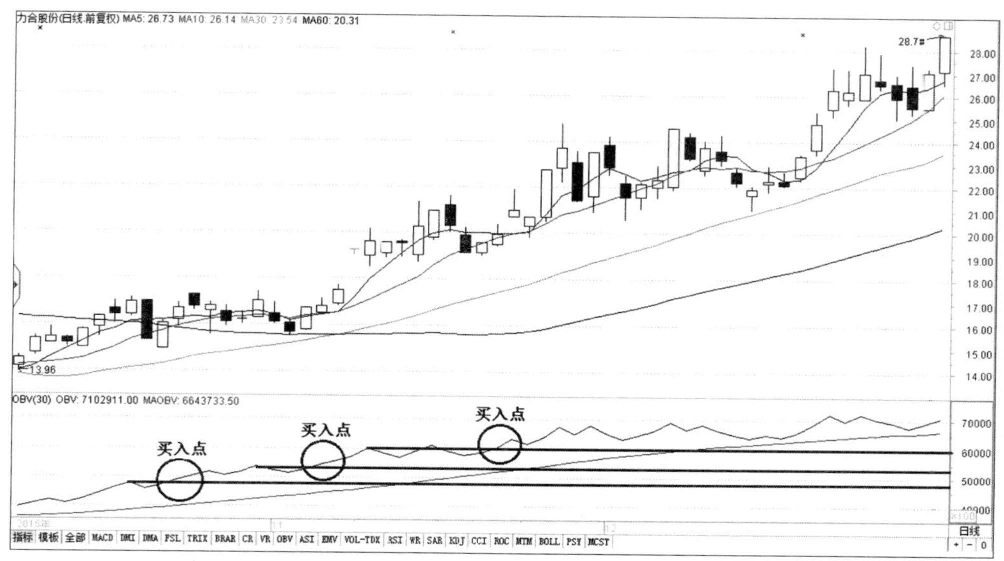

图 7-14 OBV 指标突破前期平台抄底

当 OBV 指标中白色线 OBV 和黄色线 MAOBV（平均 OBV 值）在一定的水平位置横向运行了很长一段时间，此间股价也经过了长期下跌，中途一度出现缩量，基本接近底部。此时一旦白色线 OBV 快速向上突破前期 OBV 运行的高点，并且拉升角度也超过下跌中历次下降的角度，股价带量向上冲破中长期均线，说明空头优势不再，多头开始占据优势。一般股价见底后，OBV 的第一次有效突破角度都大于 70 度。

当股价快速拉升脱离整理平台后，回踩整理平台时缩量，回踩时不再跌破前期低点，这个时候阶段底部就得到充分确认，是 OBV 指标的安全买入信号。如图 7-15 所示。

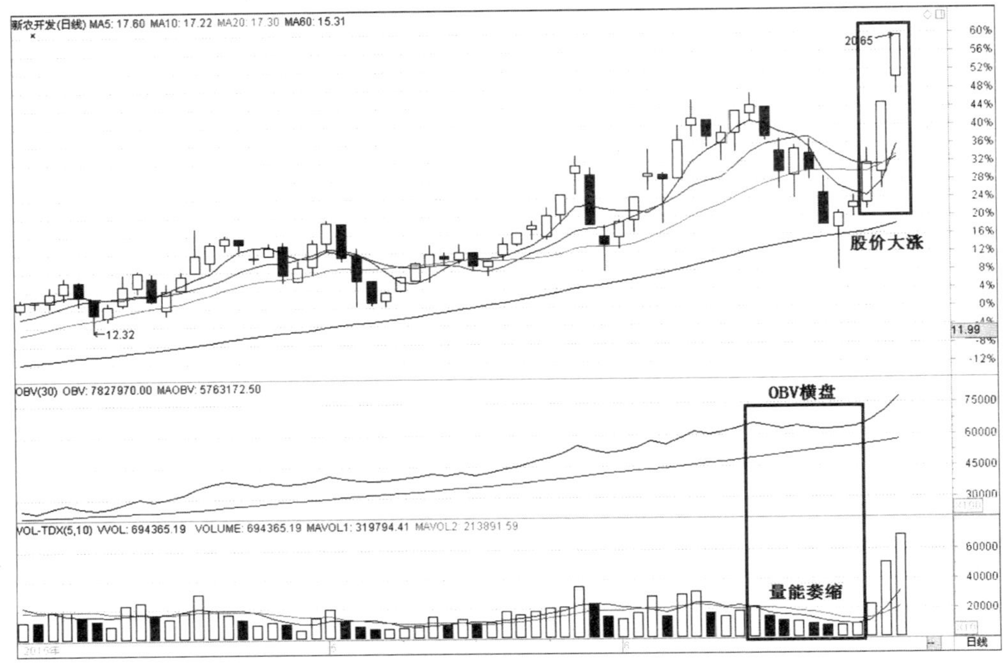

图 7-15　量能萎缩，OBV 横盘股价连续大涨

点金箴言

OBV 作为人气指标的一种，不能单独使用，也不适用于长线投资。该指标的适用范围比较偏向于中短期的进出，因此是预测股市中短期波动的技术指标。OBV 可以从局部显示出主力资金的流向情况，帮助投资者确定股市突破盘整后的发展方向。

RSI 指标抄底法

相对强弱指标 RSI 又叫力度指标，是根据股票市场上供求关系平衡的原理，通过比较一段时期内单只股票价格涨跌的幅度或整个市场的指数涨跌的大小来分析判断市场上多空双方买卖力量的强弱程度，从而判断未来市场走势的一种技术指标。

一般将 RSI 的值分成 4 个区域：极强、强、弱、极弱。如果 RSI 的取值落入极强或弱区域，建议卖出；如果 RSI 的取值落入强或极弱区域，建议买入。极强与强的分界线和极弱与弱的分界线是不明确的，换言之，这两个区域之间不能画一条截然分明的分界线，这条分界线实际上是一个区域。我们在大量的技术分析书籍中看到的 30%、70%或者 15%、85%，这些数字实际上是对这条分界线的大致的描述。

一、RSI 指标底背离抄底法

在 RSI 指标的各种研判方法中，用 RSI 指标与股价的背离来判断行情最为可靠。RSI 指标的背离是指 RSI 指标曲线的走势正好和 K 线图的走势方向相反。RSI 指标的背离有顶背离和底背离两种。

RSI 指标的底背离一般是出现在 20 以下的低位区。当 K 线图上的股价一路下跌形成一波比一波低的走势时，RSI 指标在低位却率先止跌企稳，并形成一底比一底高的走势。底背离现象一般预示着股价短期内可能反弹，是短期买入的信号。股价在低位，RSI 指标也在低位出现底背离时，一般要反复出现几次底背离才能确认，并且投资者只宜做战略建仓或做短期投资。如图 7-16 所示。

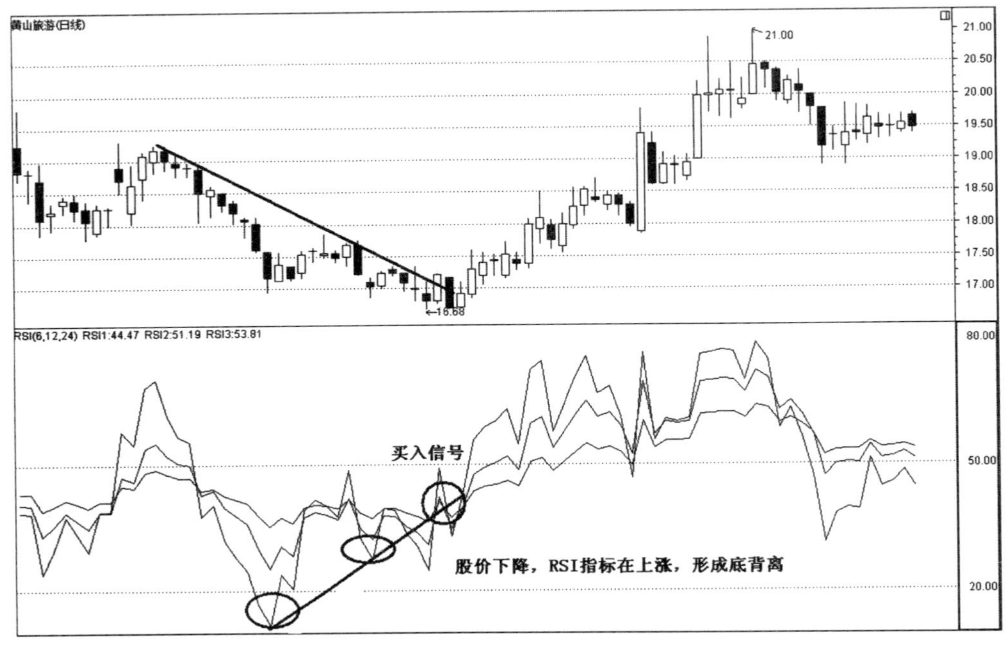

图 7-16　RSI 指标底背离抄底

二、RSI 指标超卖抄底法

通常而言，RSI 的数值在 20 以下和在 80 以上为超卖、超买区的分界线。当 RSI 值低于 20 时，则表示市场上卖盘多于买盘，空方力量强于多方力量，空方大举进攻后，市场下跌的幅度过大，已处于超卖状态，股价可能出现反弹或转势，投资者此时可适量建仓。

一般来说，RSI 指标在 50 以上为强势，50 以下为弱势。假如 RSI 指标由 50 以下的弱势区向上突破 50 强弱分界线，这通常表示股价已转强；相反，如果 RSI 指标由原本处于 50 中轴线以上的强势区，向下跌破 50 强弱分界线，通常表示股价已转弱。当 RSI 在 20 以下形成 W 底时，可视为比较准确的买入信号。如图 7-17 所示。

图 7-17 RSI 指标在 20 以下形成 W 底确认抄底信号

三、RSI 指标黄金交叉抄底法

在实战操作中，作为投资者可以根据 RSI 指标的黄金交叉进行判断，短期 RSI 在 20 以下水平，由下往上交叉长期 RSI 时，发出的是买入信号。RSI 指标介于 40~60 的交叉信号，一般来说不具有任何指导价值。如图 7-18 所示。

图 7-18 RSI 指标黄金交叉抄底

当股价经过大幅度的调整走势之后，投资者要密切研判 RSI 指标的见底信号：要求 7 日 RSI 指标必须小于 10，14 日 RSI 指标必须小于 20，21 日 RSI 指标必须小于 30。当 RSI 指标达到上述标准后，如果股价继续下跌，而 RSI 指标出现明显止跌信号并和股价走势背离，则需重点关注后市行情。假如出现的情况是 RSI 指标出现 7 日线上穿 14 日线和 14 日线上穿 21 日线的黄金交叉，并且 RSI 三线呈现出多头排列态势，则表明 RSI 指标已经发出了强烈的买入信号。

点金箴言

作为投资者，在应用 RSI 指标时，还应时刻观察成交量的变化细节：当 RSI 指标发出买入信号的时候，要观察成交量是否出现了极度萎缩现象，甚至出现地量水平。如果成交变得稀少，这通常表明这只股票马上就要完成探底过程，投资者可以积极介入。

第八章 利用均线抄底

无论是个股还是大盘指数，在底部形成时均线系统都会发出特有的买入信号，如均线底背离、均线黄金交叉、均线金银山谷形态、均线纠缠、均线黏合、均线系统的多头排列等。如果在下跌趋势后期投资者能够发现均线走势发生此类变化，那么就可以确定底部，至少是阶段性底部已经形成。

短期均线抄底法

一、5分钟、60分钟周期均线抄底法

5分钟周期图中利用均线寻找短线买点是比较实用的。在5分钟周期均线中均线的参数可设置为MA30、MA60、MA90、MA120。这样设置的原因是，MA30反映的是股价在开盘后两个半小时的走势情况，通过MA30的走向可以大致判断出股价当天尾盘的收盘情况，并依此寻找交易时机；MA60反映的是股价在开盘后5个小时内的走势情况，通过MA60的走向可以预测出股价在下一交易日内可能会出现的走势变化，可依此寻找合适的交易时机；MA90为7.5小时，接近两个交易日，通过MA90的走势变化可以判断之后一到两天股价可能出现的走势情况，并依此寻找到合适的交易时机；而MA120反映的是股价在10个小时内的走势变化，10个小时，如果转换成日均线那就是3天的行情。

1. 5分钟周期图中均线的两个买入点

（1）在5分钟周期图中，股价出现放量上涨，直接突破均线系统的压制，并带动MA30向上运行，当MA30向上穿越MA60、MA90和MA120，MA60、MA90和MA120也开始拐头向上时，是个非常好的短线买入点。

（2）在5分钟周期图中均线系统形成多头排列时，是短线买入的机会。因为如果5分钟周期图中的均线系统形成了多头排列，那么上涨行情一般都会延续2～3个交易日，即便在熊市行情中股价至少也会有一到两天的反弹，而在牛市行情中上涨走势会持续更久。因此多头排列形成后对短线投资者来说就是非常好的买点。

2. 60分钟周期均线短线买入

对于波段操作，日线走势相对滞后，5分钟周期走势又反应过快，而60分钟周期走势图稳健、快捷的风格比较适合波段操作。

在运用 60 分钟周期图进行操作时，有两种操作方法。第一种操作方法均线参数设置为 MA8、MA26、MA55、MA110，共四条均线。其中 MA55 代表的是趋势行情的均线，MA8、MA26 和 MA110 可以辅助 MA55 来研判大盘或个股的运行方向。

第二种操作方法均线参数设置为 MA5、MA55 和 MA103，共三条均线。MA5 对股价的走势反应速度快，在买入股票后利用此均线可以快速止盈。MA55 反映的是股价的中期走势，MA103 反映的是股价的长期走势。虽然此组参数只有三条，但能够简单直观地反映出股价中短期的走势变化，因此对于短线操作或者是波段操作的投资者来说比较适用。

二、5 日均线抄底法

5 日均线为重要的短期均线，其重要意义在于其是短期指数运行的风向标，更是短线交易的重要参考指标。因为不论是在上涨行情还是在下跌行情中，一般而言，指数都是紧贴着 5 日均线运行的。在上涨行情中，指数紧贴着 5 日均线上方运行，在下跌行情中，指数则在 5 日均线下方紧贴着逐步下行。

一般情况下，当股价上涨时，走势比较强的股票的价格一般沿着 5 日均线向上走（走势弱一点的则沿着 10 日或 20 日均线向上走）。

点金箴言

5 日均线的最佳买点是突破次日，低位买入。当股价在底部启动时之初，5 日均线刚刚拐头向上，股价升幅一般不会太大，宜逢低在 5 日均线或 10 日均线附近买入（图中点 A）。当股价大涨且远离 5 日均线很远时就会回调整理，因此回调到五日均线附近时也是买点（图中点 B）。如图 8-1 所示。

图 8-1　5 日均线抄底买点

三、10 日均线抄底法

10 日均线是某只股票在市场上前 10 天的平均收盘价格，其意义在于它反映了这只股票 10 天的平均成本。10 日均线也为重要的短期均线，就 5 日和 10 日均线的走势而言，10 日均线发出转折信号会稍微滞后于 5 日均线转折信号的发出，10 日均线的这一特点也就使其具备了其他均线没有的独特优点。指数站稳 10 日均线预示着反弹的概率会比站上 10 日均线的概率大，股指成功站稳 10 日均线，是后期反弹可期的重要判断依据。

在实际操作中，对于 10 日均线的应用，投资者可以把握以下几点。

（1）股价向上突破 10 日均线是较好的买入时机。

（2）上升趋势中，股价回档不破 10 日均线是买入时机。

（3）上升趋势中，股价跌破 10 日均线，但 10 日均线仍上行，股价很快又重回 10 日均线上方时是买入时机。如图 8-2 所示。

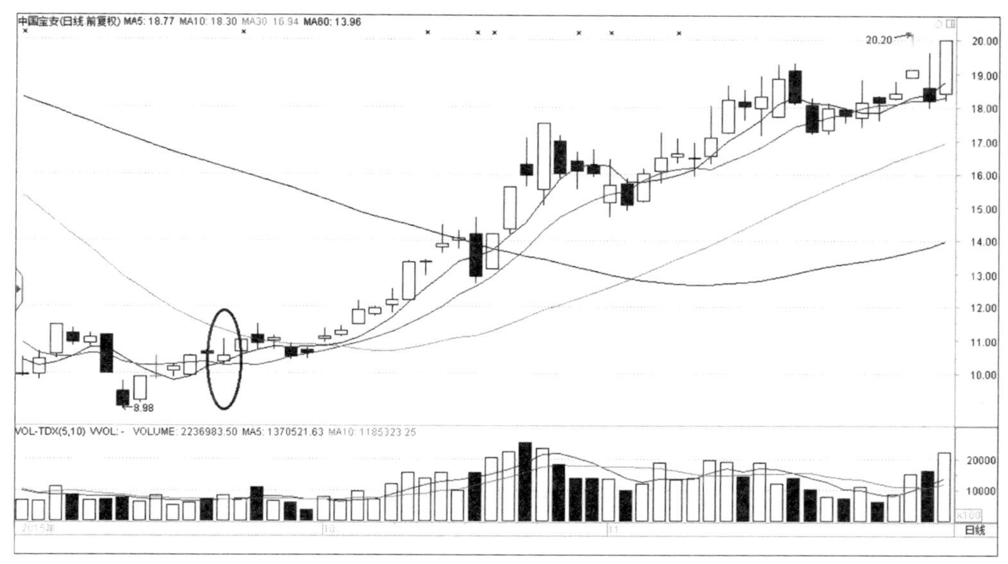

图 8-2　股价跌破 10 日均线后重回 10 日均线确立买入时机

（4）下跌趋势中股价急跌且远离 10 日均线时是买入时机。

一般而言，10 日均线经常与 5 日均线和 30 日均线配合使用。另外，实践证明：10 日均线操作法用于趋势明确的单边上升和单边下跌行情中非常有效；用于盘整行情中效果则差些。

四、20 日均线的实战运用

客观来讲，20 日均线的意义在于其周期既不是很长也不是很短，所以能够真实地反映出股价的走势。20 日均线是经过长时间验证的，基本上能在任何时候、任何位置给出一个较为明确的操作买卖信号。

20 日均线的操作要点主要在于：只要股价上穿 20 日均线并且伴随有成交量放大，就为买入信号；股价下破 20 日均线则为卖出信号。但是，在具体应用中，投资者需要注意，20 日均线由于选取的周期参数相对要大一些，故其尽管属于短期均线的范畴，但已经开始接近中期均线了。所以使用 20 日均线研判市场走势时，应考虑中短期走势，不能只考虑短期走势，否则将会出现操作上的失误。20 日均线向上代表中短期趋势向上，向下则表示趋势向下，所以在使用 20 日均线分析走势时，还可以用其来判断市场的支撑位或压力位，但同时一定要关注20日均线作为支撑或压力的有效性，否则将导致错误性的止损。20日均线在箱形整理过程中将会相对平稳，即若行情的波动幅度不大，20日均线则可能出现接近走平的运行状态。

五、5日、10日及20日均线的综合运用

一般情况下，底部K线上穿5日与10日均线是好的买入时机。如图8-3所示。

图8-3 底部K线上穿5日与10日均线

股价如果有效跌破5日线（三天），一般将跌向10日线或者20日线。如果跌到10日线、20日线，股价再次启动，则可视情况短线回补，以免被轧空。若是熊市，股价如果有效冲破5日线（三天），一般将向10日线、20日线方向上升。如果升到10日线、20日线附近受阻，股价再次下跌，则可视情况短线卖出。

点金箴言

短期均线设置得合理与否，关系到投资者能否在使用时正确判断波段行

情。如果均价线设定的天数过短，反应过于灵敏，会造成不必要的快进快出；如果设定的天数过长，则均价线反应迟钝，掉头速度慢于实际股价的走势，会导致投资者判断失误而损失惨重。

中期均线抄底法

一、30日均线抄底法

30日均线是大盘的中期生命线，每当一轮中期下跌结束，指数向上突破30日均线，往往会有一轮中期上升。对于个股来说，30日均线是判断有无主力、主力出没出货以及其走势强弱的标准。30日均线有着非常的趋势性，无论其上升趋势还是下跌趋势，一旦形成均很难改变。30日均线从时间周期来看属于中期指标，所以反映的是中期趋势。投资者如果能有效地掌握和利用它进行波段操作，那么会获得可观的收益。

投资者可以参照个股30日均线来进行反弹操作。如果个股在回调后企稳，向上反弹时冲击30日均线明显有压力，成交量也没有放大配合，股价在冲击30日均线时留下的上影线较长（表明上档阻力强），那么投资者可以进行及时减磅。相反，如果个股上攻30日均线有较大成交量支持，股价冲过30日均线后是可以再看几天的，也就是说，在个股于30日均线处震荡时，是投资者进行差价操作的好时机。如图8-4所示。

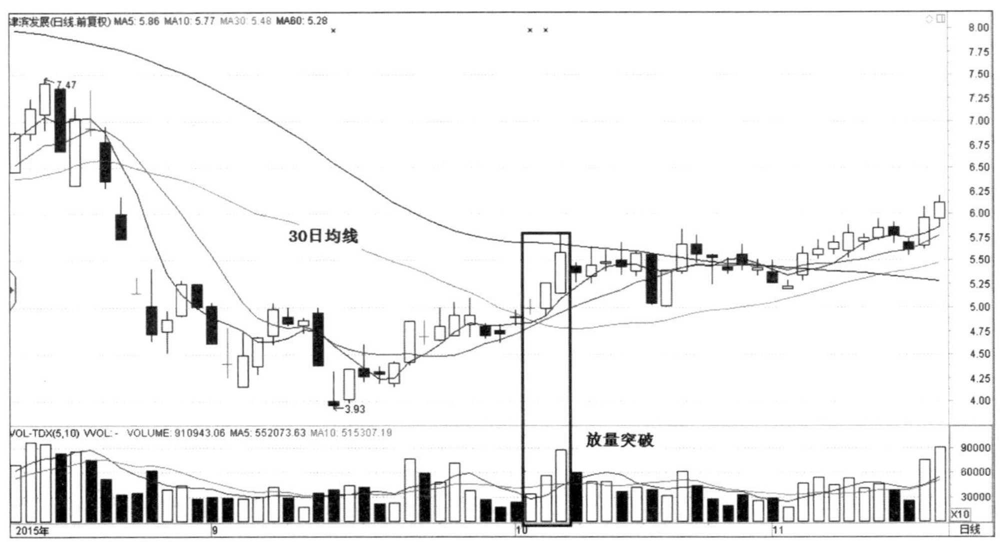

图 8-4 股价放量上攻 30 日均线确立抄底时机

30 日均线与 5 日、10 日均线等配合使用效果更好。如股价突破 30 日均线时，5 日、10 日均线也上穿 30 日均线形成黄金交叉甚至形成多头排列，可以互相印证。上升趋势中股价回档不破 30 日均线是较佳的买入时机。如图 8-5 所示。

图 8-5 5 日、10 日均线上穿 30 日均线形成连续金叉确定抄底时机

股价回落并相继跌破 5 日和 10 日均线，却在 30 日均线附近获得支撑且成交量明显萎缩，而 30 日均线仍上行，则说明是中期的强势调整，主力并未出局，上升远未结束，这常常是新的上升浪的开始。上升趋势中股价跌破 30 日均线后很快又重回 30 日均线上方是新的买入时机，这对于始终跟踪一只股票做波段操作的投资者来说是相当重要的。

30 日负乖离率过大是中短线买入时机，股价在 30 日均线之上运行的股票是强势股，在 30 日均线之下运行的股票是弱势股。强势股是由弱势股转变而来的，弱势股也是由于前期涨幅过大而下跌所形成的。因此，在下跌趋势中，股价在 30 日均线的反压下持续下跌，远离 30 日均线致使 30 日负乖离率过大时，必然会产生中级反弹而使股价向 30 日均线靠近。一般来说，阴跌之后再急跌或暴跌，30 日均线负乖离率达 20%左右特别是 25%以上时，是较佳的中短线买入时机。

二、60 日均线的基本运用

60 日均线是某只股票在市场上 60 天的平均收盘价格连成的一条线，其意义在于它反映了某只股票 60 天的平均成本。60 日均线一般表示的是中期走势，60 日均价是最近三个月收盘的平均价，对个股后期走势有重要意义，很多技术指标已经明了，所以个股如果有效跌破 60 日均线，后市大多看跌。反之，股价向上突破 60 日均线则可以确立中期买入时机。如图 8-6 所示。

图 8-6　股价向上突破 60 日均线确立买入时机

60 日均线在操盘中有重要的指导作用，由于不少中线主力吸筹时间都在一个季度左右，所以 60 日均线成为波段操作的利器：股价突破 60 日均线，往往是中级行情启动的信号；而股价跌破 60 日均线，则意味着中期行情的终结。股价在 60 日均线之下运行时，说明该股正处于回调趋势，投资者此时不适宜买入股票；而股价在 60 日均线之上运行时，说明该股中线向好。

在实战中，不是所有股价站在 60 日均线之上的个股都可以买入，因为在股价处于下跌的过程中，虽然股价会短暂反弹至 60 日均线之上，但此时 60 日均线仍处于下降通道中或者暂时走平，所以也不适宜买入。此外，在股价由下跌转入横盘之后，投资者要选取的是股价站在 60 日均线之上，并与 60 日均线同步呈现明显上升趋势的股票。如图 8-7 所示。

图 8-7　60 日均线之上同步上升趋势确立买入时机

点金箴言

事实上，投资者可以将中期均线与短期均线结合在一起使用，从而更好地指导自己的操作。另外需要说明的一点是，每一种投资方法都有自己适用的范围，投资者一定要仔细分析。

长期均线抄底法

长期均线是指 120 日均线与 240 日均线。从稳妥的角度看，时间越长的均线越可靠。如 120 日均线，一般每年只会形成 1 ~ 2 个拐点，趋势一旦形成就很难改变。长期均线不容易出现骗线，也不会经常出现拐点。但是，长期均线也有其缺点，就是发出的交易信号很少，一年或者两年才出现一次交易信号。

一、120日均线抄底法

120日均线，即半年线，是按照股市120个交易日收盘点数相加的总和除以120而来。在日常观察K线的变化时，120日均线对个股有着决定的意义。如果说5日均线代表着个股的短期走势，那么120日均线通常可以作为个股牛熊界线的判断依据。由于120日均线所代表的周期较长，因此更能体现出一只个股的长期趋势。

一般来讲，对于120日均线的实际运用，投资者应把握下面几点。

（1）当120日均线处于上涨趋势时，有助涨的作用。

（2）当120日均线处于下降趋势时，对股票价格走势具有阻碍作用。如果120日均线的下降斜率比较陡，则对股票价格走势的压力更加明显，即使股票价格快速上涨，随后也往往会出现更为快速的下跌。

（3）以120日均线作为支撑线，当股价下跌到120日均线附近时可以买入。

（4）120日均线由于变动缓慢，趋势一旦形成或改变，不论是上涨还是下跌都要持续一段时间。所以，投资者可以从120日均线的变动中把握中长期股价的运行趋势。

（5）许多主力在操盘时，也将120日均线作为参考线；主力在洗盘打压价格时往往也在120日均线上止步；股价由长期平台整理转为向上突破时，往往是在120日均线向上运行时进行的。

二、240日均线抄底法

240日均线（年线）的意义在于它反映了某只股票240天的平均成本。在240日均线系统法则中，240日均线还有另外一个称呼，即牛熊走势的分界线。240日均线的趋势方向都有着重要的技术分析意义，如果市场中有一大批股票价格站稳240日均线之上，说明有一波行情就要出现了，或者市场中就要出现新的炒作题材了。

年线的作用主要是判定大盘及个股大的趋势。假如股指（或股价）在年线之上，同时年线又保持上行态势，说明这时大盘（或个股）处在牛市阶段。若当前股价已经高于240日内建仓投资者的平均成本，且绝大部分资金处于盈利状态，则表明行情向多，此时年线可以作为买入或持股的信号。若年线保持下行态势，且股指（或股价）在年线之下，说明大盘（或个股）处在熊市阶段，市场中绝大部分资金被套，则此时意味着多数投资者看淡后市，场内亏多盈少。因此，年线又被市场称为牛熊线。由此我们可以看出年线对于中长期投资有较为重要的指导意义。牛市当中每一次调整到达年线便停止，熊市当中每一次反弹到年线处便受阻的现象屡见不鲜。

在实际操作中，处于下降趋势的240日均线对股价有压力的作用，突破这种压力需要成交量和时间的配合。投资者在240日均线走平或向上之前均不能介入，否则就会屡买屡套，损失自己的金钱和时间。

120日均线与240日均线可以配合使用，效果更佳，特别是确定某种长期趋势时。如图8-8所示。

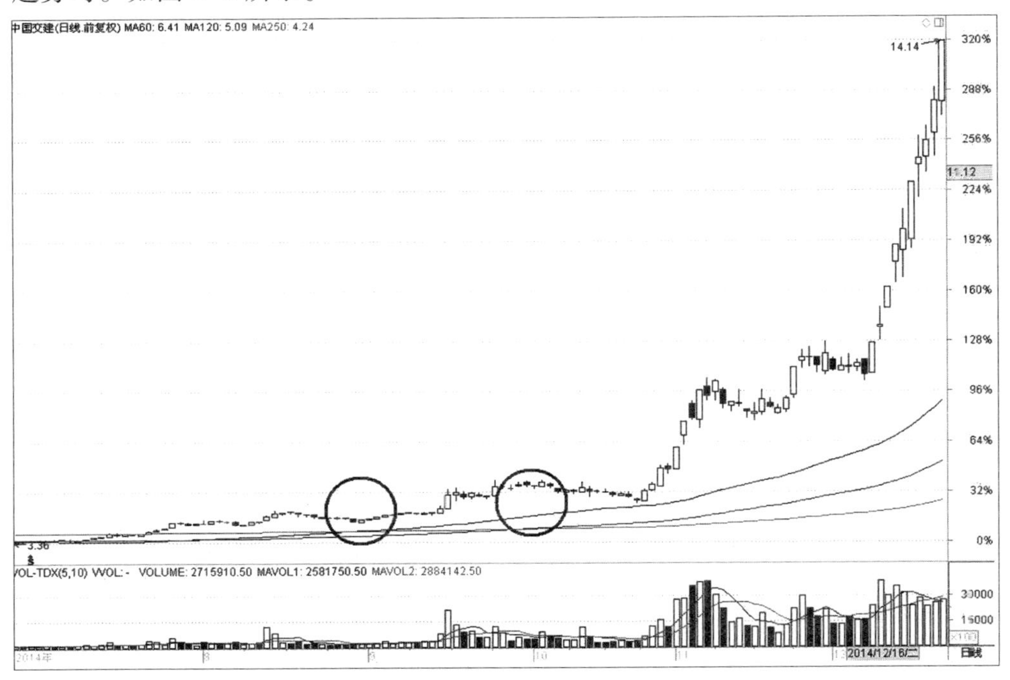

图8-8 60日、120日、240日均线走平黏合确定强势股底部

对于中小投资者而言，年线对操作的指导意义在于如果年线不断上行，应该伺机介入，并坚持持有，如果年线不断下挫，则应该空仓回避，或适当反弹

减仓。而若年线保持走平的态势，则可以结合当时的市场环境在年线附近寻找短线机会。其实，除了判断牛熊之外，年线在不同的情况下还有许多具体的应用。对于前期已出现一轮较大升幅之后又明显见顶回落的个股来说，一旦有效跌破年线，则证明调整格局已经形成，对于在年线之下运行的个股来说，若反弹至年线附近，则遇阻回落的可能性很大。一些在年线之上运行的个股，途中若出现短线回调，则在年线处往往会获得支撑，而且随后出现反弹的概率较高。

点金箴言

长期均线系统的优越性主要体现在趋势性和其所展示出的大局上，它可以帮助投资者更好地发现趋势、判断趋势是否持续以及让你对面临的局面有一个清晰的、全面的认识。但是有一点必须注意，长期均线系统并不是一个能够帮助你选择具体交易时机的系统，如果你依照长期均线系统确立自己的交易细节，你可能会失去最佳的交易时机。在选择交易时机和时点上，短期均线系统和中期均线系统应该有更优越的表现。

均线多头排列抄底法

均线可以反映真实的股价变动趋势，即通常所说的上升趋势、下降趋势。借助各种移动平均线的排列关系，可以预测股票的中长期趋势，同时再灵活应用K线技术，就可以实现低买高卖，从而获得较高的收益。

短期、中长期均线出现黄金交叉后，均线系统多头排列的雏形就形成了，在此期间只要没有出现能够影响股价的利空消息，那么均线系统的多头排列形态就会出现。均线系统的多头排列形态，是股价进入牛市的标志。

所谓均线多头排列，就是均线在日K线之上，依次排列为短期均线在中期均线之上，中期均线在长期均线之上，以5日、10日、30日、60日均线系统为例，其多头排列依次为：5日线在10日线之上，10日线在30日线之上，

30 日线在 60 日线之上，从小到大依次排列。

一般来说，在上涨初期，当均线出现多头排列后，表明市场做多力量较强，往往会有一段升势。只要均线呈多头排列，即使途中出现一些形象不好的 K 线图，也不要慌张，否则就会被主力洗盘出局，让煮熟的鸭子飞了，就会后悔不已。总之，均线在多头排列的初期和中期，投资者可以积极做多，但在其后期，就应该谨慎。

我们在进行操作时，多数情况下关注的都是日周期图中的均线排列方式，在日周期图中均线参数系统默认的是 5 日均线、10 日均线、30 日均线、60 日均线，这四条均线代表了股价的短、中和长期走势。股价在脱离底部后，只要日周期图中这四条均线形成了多头排列形态，就表明此股的上升趋势已经形成，就可以择机买入。如图 8–9 所示。

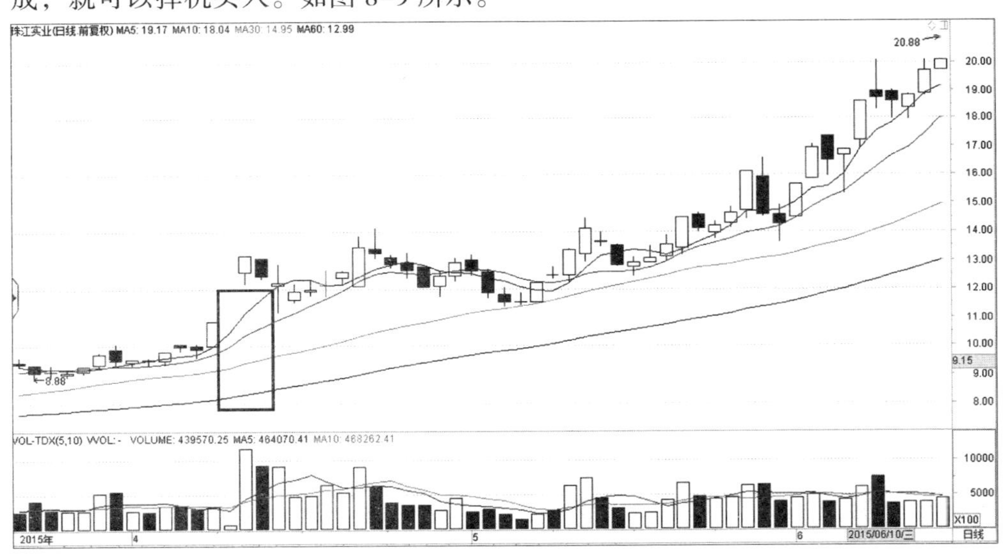

图 8–9 均线多头排列抄底

利用均线多头排列抄底，相对于其他技术形态来说介入时间稍晚，因为多头排列的形成需要一个过程，在这个过程中股价已经有了一定的涨幅。我们在操作时，可以与中长期均线形成黄金交叉结合使用，在见到个股中长期均线形成黄金交叉时，可适量跟进。因为一旦中长期均线形成黄金交叉，多头排列的雏形就已经形成，而中长期均线的黄金交叉也是股价转势的一个信号，此时可以买到一个相对低的价格，等到多头排列形态正式形成后再寻找机会继续加仓。

多头排列代表买方力量强大，后市将由多方主导行情，是中线进场的机会。投资者应该密切关注那些股价经过大幅下跌，然后经过一段时间企稳，开始启动的个股，上涨初期如果呈现均线多头排列，可以及时跟进，会有极大收益。在多头排列形成过程中，如果成交量持续放大，则是对多方持续强势的验证。这样的情况下，该形态的看涨信号会更加可靠。

如果股价运行一段时间后，5 日均线跌破 10 日均线，或者 10 日均线跌破了 30 日均线，多头排列形态就被破坏，这样的形态预示着上涨行情结束，此时投资者应该尽快将手中的股票卖出止损。

虽然说多头排列是个买进信号，但我们还要注意以下几点：

第一，多头排列形态只有出现在股价刚刚脱离底部区域时才是抄底信号，在上涨途中可以继续持股。如果股价处于高位区域，即便多头排列得再漂亮也不适合买进，在高位区域出现的多头排列很多时候是主力设下的多头陷阱，如不能认清的话极易上主力的当。

第二，对出现多头排列的个股，要看它是短期的多头排列还是长期的多头排列。如果是短期的多头排列，则对于中长线投资者来说参考意义不大；如果属于长期的多头排列，便会在周线图、月线图中反映出来，对于中长线投资者来说，可以依据周线图、月线图中的均线形态制订投资计划。

点金箴言

除 5 日均线、10 日均线和 30 日均线的组合外，投资者也可以使用其他均线组合作为判断多头排列的依据。例如，可以通过 30 日均线、60 日均线和 120 日均线之间的多头排列来判断股价是否处于长期的上涨行情中。

均线黄金交叉抄底法

均线也会形成黄金交叉走势，均线的黄金交叉指的是短期均线上穿中、长期均线形成的交叉。这个时候压力线被股价向上突破，表示股价将继续上涨，行情看好。概括来讲，黄金交叉是指原本呈现空头排列的均线系统中，长期均线下降趋势逐渐变缓，而短期均线自底部翻升向上突破中期、长期均线，带动中期、长期均线同步翻转向上。一般而言，短期均线形成黄金交叉预示股价将上涨，即表明股价下跌趋势已经停止，为买进信号。

一般来说，黄金交叉的图形特征可以归结如下：首先，出现在上涨初期；其次，由三条短期、中期、长期均线组成；最后，时间短的均线（快线）上穿时间长的均线（慢线）。

最有操作价值的应该是由 5 日、10 日和 30 日均线所形成的短期均线的黄金交叉。当 5 日均线开始向上突破 10 日均线而形成黄金交叉时，说明该股的短期上升趋势开始形成，这是均线发出的短线买入信号之一。而后在成交量的明显放大下，5 日和 10 日均线都先后向上突破 30 日均线而形成另一个黄金交叉时，说明该股短期上升趋势已经形成，这是均线发出的另一个短线买入信号。如图 8-10 所示。

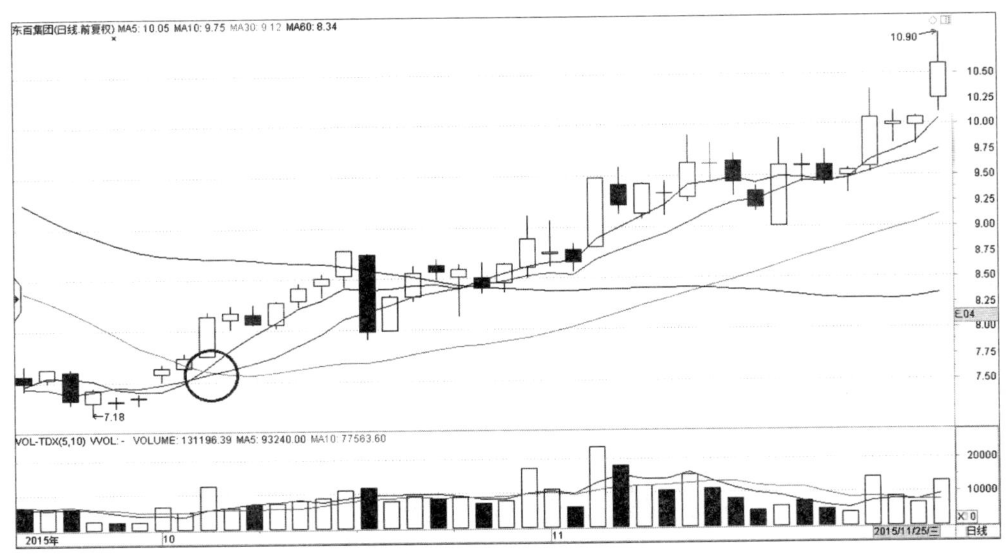

图 8-10　底部均线金叉确定买入时机

如果说短期均线（5 日、10 日）形成黄金交叉是短线买入的机会，那么中长期均线（30 日、60 日、120 日）也形成黄金交叉，就是中长线投资者抄底买入的好机会。这是因为，当短期均线形成黄金交叉后，如果此时股价仍处于下跌趋势中，那么这种金叉只会使股价形成短线的反弹，下跌趋势不会因短期均线出现金叉就发生改变。通常情况下，下跌途中的反弹行情往往只是短线技术指标出现超卖的现象，因此形成了反弹，但经过技术修正后，下跌走势还会延续下去。只有在下跌后期，短期均线出现黄金交叉的同时，中长期均线也形成黄金交叉，才确定行情已经发生反转。

当股价向上突破 5 日、10 日均线时，说明该股短期趋势转强，再突破 30 日均线时，如果中期趋势转强，一般可确认主力建仓完毕，即将拉升。而下方三条均线特别是三条均线的黄金交叉点更是股价回档时强有力的支撑。当 5 日和 10 日均线处于较为接近的状态时，突然间 5 日线上穿 10 日线，先要弄清是否有消息刺激市场，若无消息的影响，通常可以跟进。另外，对于不确定的消息或“力度”不大的消息而造成的黄金交叉进行追买时要谨慎。

黄金交叉出现时还需要看其他一些技术指标的状况。若强弱指数、随机指数及 MACD 等处于严重超卖状态，此时果断跟进盈利的机会较大；反之，极可能是小幅波动造成的虚假信号。

点金箴言

在实战中，股价大幅下跌后，出现该信号，投资者可以积极做多。建议中长线投资者可在周 K 线图或者是月 K 线图中出现该信号时买进。除此之外，需要强调的是，两线交叉的角度（交叉点和水平面形成的角度）越大，短期上升信号越强烈。在运用均线交叉进行起涨点的发掘时，我们一定要注意，在金叉出现之后，股价不能跌破被突破的均线，否则表示该金叉没有可操作性。

均线黏合抄底法

均线黏合就是指股票的短中长期均线（一般至少三条）在一个时间段内处于相互靠拢和反复交叉的状态。其波动范围一般在 2% 以内，最多不能超过

5%。均线黏合就和编辫子一样，把几根均线的能量都编在一起了，后期走势不管是向上还是向下力度都会非常大，远非一根均线的能量所能相比的。均线黏合究其根本，是由均线自身的特点决定的。

均线黏合形态一般出现在主力已经控盘的股票中，常常是在股价已上涨了一定幅度并回落之后的横盘整理阶段。一般而言，横盘的时间越长，主力费的心思越多，要求的回报也越高，股价拉升的幅度也越大。概括来说，均线黏合形态是比较可靠的股价企稳信号，该形态一旦被突破，其升幅一般都很大。对于这类走势的股票，投资者应重点关注，特别是对于短线投资者来说，在股价突破该形态前及时买入，收益必将很大。

均线黏合和均线金叉的区别如下：均线黏合，是指 3 条均线并列靠在一起，很接近，基本黏合在一起。均线金叉有几种情况，比如说，3 条均线是 5 日、10 日、20 日均线，5 日均线上穿 10 日均线、5 日均线上穿 20 日均线、10 日均线上穿 20 日均线都叫金叉，但代表的意义不同，5 日均线上穿 10 日均线，说明短期股价要走强；10 日均线上穿 20 日均线，表示股价中长期走势较好。

均线黏合究其根本，是由均线自身的特点决定的。我们知道，均线是对股价的平均运算，由此可知，所谓的均线黏合形态形成的原因其实就是股价经过长期的震荡整理，使得长、短期均线数值接近，从均线的角度看是均线黏合，从形态的角度看是箱体整理，从筹码分布角度看是筹码高度集中。股价的运动是恒动的，其运动方向不外乎是涨、跌和平。而从以往的经验和运动的特性我们知道，股票的“平”是相对静止，其必然为其他两种运动模式所代替。因此，通过均线黏合可以推断大盘或股票的运行方向，只要在均线上方黏合向上，就可以捕捉到股票的启动点，甚至抓住牛股。如图 8-11 所示。

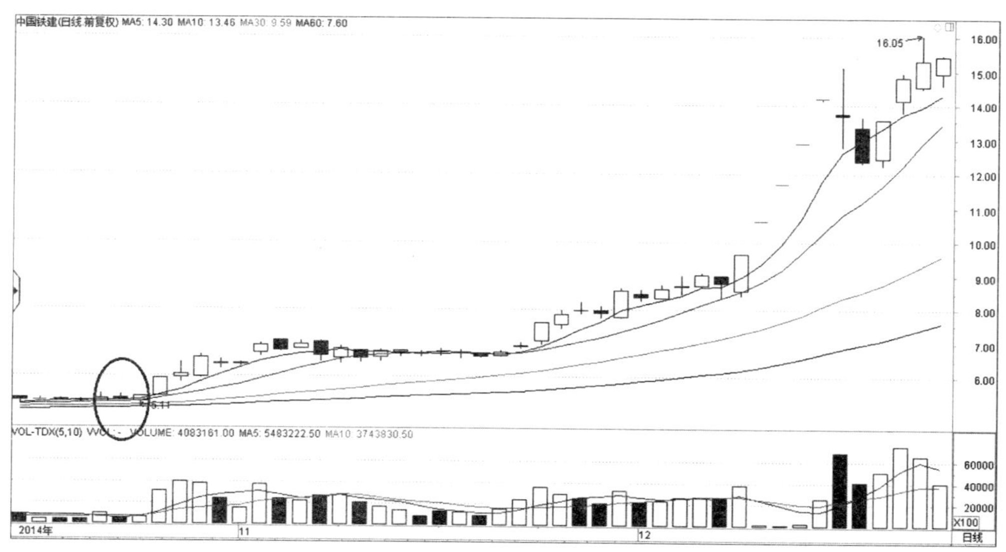

图 8-11 均线黏合确定抄底时机

就均线黏合的市场意义来看，均线是反映股票在一定时期内的平均交易成本的指标，如果一只股票处于均线黏合状态，说明不管是短期买入者还是中期买入者，其持股成本都相同，并且预示着他们在未来的市场操作中也有可能趋于一致。如果股价在相当一段时间内既不下跌也不上升，而是处于横盘整理走势，说明多空力量均衡，持股者中多为长线投资者，持股心态比较稳定。投资者在选股的时候，就要去寻找具有均线黏合形态的股票。建议投资者最好依靠指标合理的计算来寻找均线黏合的股票。需要说明的一点是，并不是均线黏合的股票就一定会上涨。

就均线黏合的实战操作要领来说，投资者可以把握以下几点：首先，均线黏合形态的最佳买入时机是突破横盘整理之后。通常情况下，突破往往有两种形式：一种是快速突破，一般都伴随大成交量，K 线为长阳，此时应该在当天或第二天买入。另一种是缓缓突破，用小阳线将底部慢慢抬高。此时 5 日均线应最先从黏合状态转向上移，然后 10 日均线也向上移动，与 20 日均线形成金叉或张开的喇叭口，投资者可以在这个确认信号出现后买入。其次，建议投资者买入后不要轻易抛出，因为主力既然横向整理时间长，洗盘效果肯定极佳，接下来就是一气拉高，一般不会再安排洗盘震仓。最后，换手率是判断突破时机的辅助指标。在平台整理区间内，换手率至少应达到80%，如果换手率达到100%以上则突破成功率更大。除此之外，如果是新股，则换手率有保证，横盘时间可以缩短。

均线黏合属于整理形态，其后必然会有一个突破的过程。如果成交量逐渐放大，均线系统开始呈现多头排列现象，其后将有一段升势；而一旦向下突破，则会有较大的下跌空间。需要注意的是，向下突破时成交量不一定放大，我们切不可因为“下跌无量”而掉以轻心。

另外，投资者选择在5日、10日、30日均线黏合时介入不失为一个大好时机。投资者在利用中短期均线判断强势股突破时机时，可把握下面几个方面：第一，5日、10日、30日均线是判断强势股整理结束向上突破最好的三条均线，此外，以20日均线替代10日均线或30日均线亦可。一般来说，在两个月内三条均线的黏合应视为无效黏合，股价突破时机并不成熟，只有两个月以上的整理时间，待三条均线黏合时才是介入良机。第二，5日、10日、30日均线黏合后，5日、10日均线应调头向上，并与30日均线形成金叉，否则不介入。第三，在强势股回落并得到充分整理、均线黏合形成金叉后介入，则中短线投资者可获利。第四，有些机构在5日、10日、30日均线黏合时，先向下突破，造成出货假象构筑空头陷阱，翻身再向上突破，连创新高。因此，投资者需要谨慎对待。

判断股指的后市走势，还必须辩证分析，因为均线胶着之后的走势既可能存在比较大的市场机会，也完全有可能是一个陷阱。首先要明确当时的股价水平处于相对高位还是相对低位。很多时候我们无法判断股价是处于底部、中部还是顶部，但从其近期的运行趋势来判断其股价水平并不困难。如果是在相对高位且成交量始终保持较高水平，则必须提防风险；反之，若处于相对低位且成交量与前期相比萎缩较为明显，则成交量重新放大之时，股价一般都会有一个上扬的过程；而当股价处于上下均可的中位时，成交量更是必须重点参考的指标。

如果长期均线的趋势和短期均线的方向一致，比如说长期均线的运行趋势是向上的，与短期均线的交叉方向也是向上的，这是一个后市看多的信号；如果长期均线的运行趋势是向下的，与短期均线的交叉方向也是向下的，这是一个后市看空的信号。

点金箴言

需要强调的是，如果均线仅仅是短期黏合，或是以较大幅度来回交叉，则不属于均线黏合形态。另外，均线黏合形态中，半年线以上的长期均线的位置最好是在股价之下。

均线底背离抄底法

均线理论的本质是市场的成本趋势，而股价的涨跌始终围绕市场成本，因此代表成本的均线在实际操作中十分重要。股价在一般情况下都是沿着均线的方向波动，而均线的周期长短是十分关键的因素，周期短的均线敏感度高，但是准确性相对较低，而周期长的均线敏感度低，但稳定性和准确度相对较高。例如，3 日均线比 5 日均线敏感，240 日均线比 120 日均线的周期长，但 240 日均线所代表的趋势方向更准确，周期越长的均线越重要。

均线背离主要是指由于各个时期的交易成本差异，导致股价短期均线的运行方向与中长期均线的运行方向正好相反，从而形成各类均线之间的反向运行现象。均线背离现象在实际操作中经常能够遇到，它对于把握短线机会很有帮助。

均线的底背离是指当股价止跌并从底部启动时，短期均线运行的方向是向上的，但此时中长期均线依然是向下运行的，当短线均线向上穿越中长期均线形成交叉时，股价也与长期均线出现了一个交叉点。此时短期均线与中长期均线运行的方向相反，这就是均线背离。如图 8-12 所示。

图 8-12　30 日均线和 40 日均线背离

当股价出现暴跌之后，往往会形成均线底背离，因此利用均线背离可以帮助分析当前趋势是否发生改变。股价对均线有拉动的作用，而同时均线对股价也有吸引的作用，当股价与均线运行的方向相反，即发生交叉背离现象时，这多是市场的短期走势形态，属于不正常的市场状态。由于均线运行的方向代表了当前市场的趋势，而一个趋势的形成又是由多方面因素作用的结果，当股价暂脱离原趋势时，市场会对这种脱离进行技术修正，这种修正通常是以反弹或是回调的方式表现出来。

投资者需要认识到，均线背离现象只是一种参考指标，并不是绝对的，投资者在运用均线背离时还应当注意以下几个问题：

第一，股价的 K 线与均线必须发生交叉，并且在方向上相反，如果股价与均线没有发生交叉，即使此时两者方向相反，也不属于均线背离。

第二，在均线背离发生后，判断短期的底部时应当注意：只有在股价出现剧烈震荡的情况下才可靠。如果在均线发生背离后，股价并没有出现剧烈的震荡，而是出现强势盘整或者下跌抵抗，则表明市场并不理会均线背离，原有的上涨或下跌状态仍将持续。均线背离技术只适用于一般状态下的市场，当市场进入极强或极弱状态时，应当运用“均线扭转”理论来判断大势。

点金箴言

均线背离现象一般发生在暴涨或者暴跌时，它对于判断底部和顶部很有帮助，投资者在操盘中可以多加留意。

周、月线图中均线形态改变抄底法

相对于周、月线走势来说，日周期图代表的是股价的短期走势。如果是短期操作，可以参考日周期图；如果是中长线操作，还是应以周线和月线图为主，因为周线和月线图反映的是股价的中长期走势，只有周、月线走强，才会支持股价的中长期上涨。

利用周线和月线进行抄底，均线金叉比较适用，而多头排列形态并不适用。如果等到周线图中形成了多头排列再开仓买入，那么日周期图中可能股价已经涨得很高，而月线图中极少出现多头排列的情况，如果等到月线图中形成多头排列，很可能日周期图中股价的一波上涨行情已经结束。

利用周线和月线操作，多是长线投资者的行为，但是如果只参考周线和月均线，而忽略了日均线的走势，那么在操作中必定会出现失误，尤其是在抄底的时候。因此，在实际操作中，最好是将日、周和月周期图相结合，这样可以弥补各周期图的不足。如图 8-13 所示。

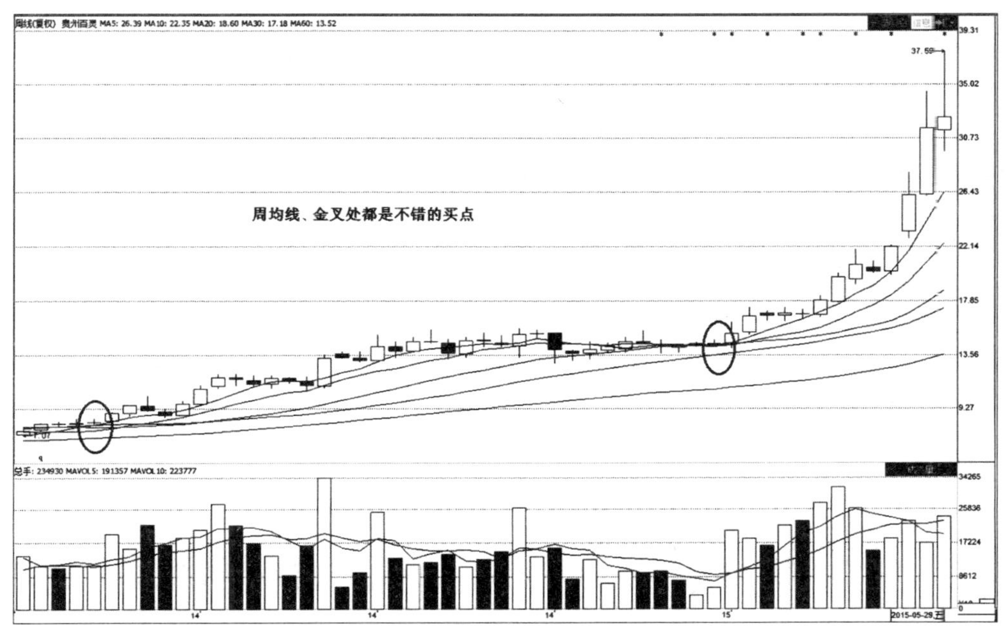

图 8-13　周均线金叉提示的抄底信号

一阳穿四线抄底法

“一阳穿四线”，是指在反弹行情中，某日收下一条长实体的大阳线，这条阳线，一连突破四条移动平均线的防区，这种走势，就是“一阳穿四线”。该形态是做多的可靠信号，据此操作，获利的成功率相当高。该形态应具备的特征是：

一阳穿四线形态中的 K 线，应是一条较大的阳线，开盘价应处在第 1 条移动平均线的下方。收盘价应处在第 4 条移动平均线的上方。即是说，阳线的实体部分，与 4 条移动平均线形成“穿头破脚”组合。

一阳穿四线形态中的移动平均线排列不分顺序，但必须含有 5 日移动平均线，且 5 日移动平均线一般处在最下方。如果 5 日、10 日、20 日和 30 日 4 条移动平均线靠得很近时，允许 5 日移动平均线处在 10 日、20 日和 30 日等移动平均线的上方。

一阳穿四线形态可做多的原理是：阳 K 线在一天内穿越了 4 条移动平均线，表明投资者的观望情绪已有松动，先知先觉者已悄悄进场吸筹了，后市会出现一段加速上涨行情，此时进场做多，正好赶在大行情的启动初期，获利不但丰厚，而且很有保障。如图 8–14 所示。

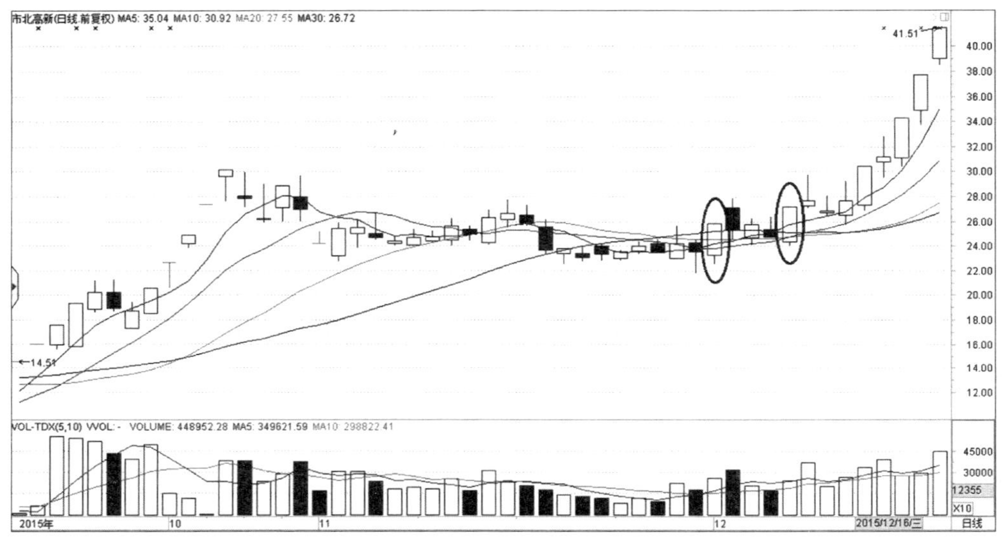

图 8–14　一阳穿四线确定抄底时机

点金箴言

“一阳穿四线”形态是一个总的称呼，包括“一阳穿五线”“一阳穿六线”等形态，无论一阳穿多少条移动平均线，其买入信号均是可信的，投资者均可放心做多。

第九章

利用成交量发现阶段底

股市中有一个格言：成交量是不会骗人的。比如：只有量增才能价涨，无量则无价；成交量萎缩则股价就不会大幅下跌，因为成交量的萎缩意味着抛盘的减少，而抛盘的减少正是市场空头行情转弱或结束的标志；长时间盘整的股票放量突破盘整向上涨升时，放量突破意味着上攻行情的出现；股价在高位放巨量后股价一定还会创新高，因为高位的巨量表明股价在高位仍有大量买盘，这些买盘的存在会让股价再创新高。大多数情况下的确如此，但也有例外，因为这种分析并没有把主力这个对股价走势起决定作用的因素考虑进去。

如何通过成交量来识别底部

弄清楚成交量是确认股价底部的一个很巧妙的技巧，这是因为股价的底部往往随成交量底部的出现而出现。

成交量底部的研判是以过去的底部作为标准的。当股价从高位往下滑落后，成交量逐步递减至过去的底部均量后，股价触底盘稳不再往下跌，此后股价呈现盘档，成交量也萎缩到极限，出现价稳量缩的走势，这种现象就是盘底。

根据“量先于价行”的原则，股价从低位反弹后又回到低位，若成交量少于前次低档时，表明股价已跌到底部，后市多会出现一波上升行情。形成这一走势的原因主要是由投资者的心理因素造成的。前一低位出现后，股价反弹了，这是投资者对前一低位的认可，也就是说，前一低位是投资者可以接受的买入点位。到了这一低位，投资者争相购买，促使股价止跌反弹。反弹后，获利盘和部分解套盘的涌出，又使股价下跌，当跌到前一低位附近时，投资者就开始惜售了，供给减少，成交量自然也就跟着萎缩，此时成交量若萎缩到比前一次低位时的成交量还要少时，就意味着获利筹码已经不多，根据经验，股价不会再跌，大家又纷纷进场吸纳，推动股价上扬。第二次低位后的涨势一般比第一次低位形成后的涨势要强劲得多，升幅也会高得多，所以第二低位出现时，特别是第二低位的成交量低于第一低位时，投资者会更加放心地购买，股价上升也较稳健和可靠。如图 9-1 所示。

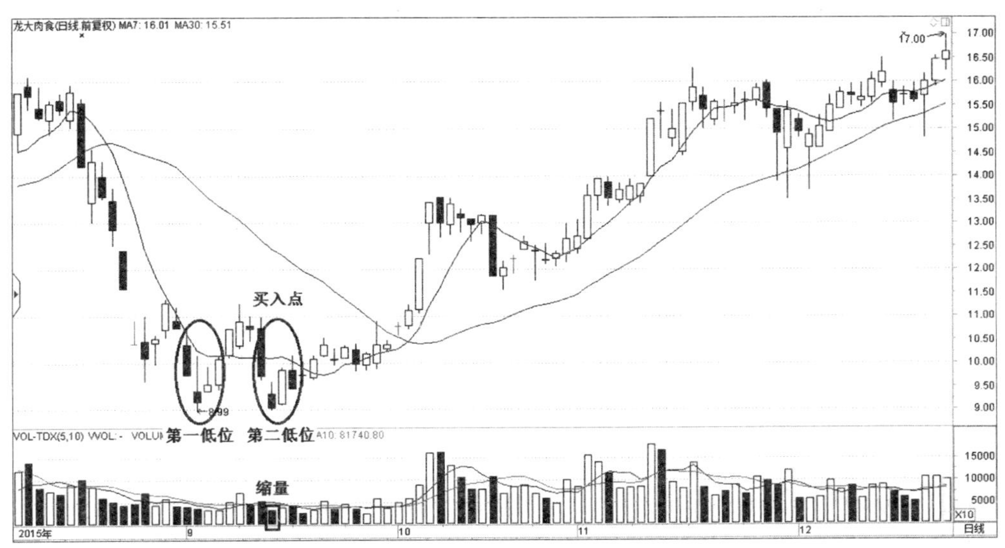

图 9-1　第二低位缩量确认买入点

底部的重要形态就是股价的变动幅度越来越小，此后，如果成交量一直萎缩，则股价将继续盘下去，直到成交量逐步放大且股价坚挺，价量配合之后才有往上的冲击能力。成交量由萎缩而递增代表了供求状态已经发生变化，底部区域成交量的萎缩表示浮动筹码大幅缩减，筹码安定性高，杀盘力量衰竭，所以出现价稳量缩的现象。此后再出现成交量的递增，表示有人吃货了，因为如果没有人进货，何来出货呢？所以此时筹码的供需力量已经改变，已蕴藏着上攻行情。投资者对成交量见底的股票要特别加以注意，当一只股票的跌幅逐渐缩小，跳空下跌缺口出现时，通常成交量会极度萎缩，之后量增价扬，这就是股价触底反弹的时候到了。如图 9-2 所示。

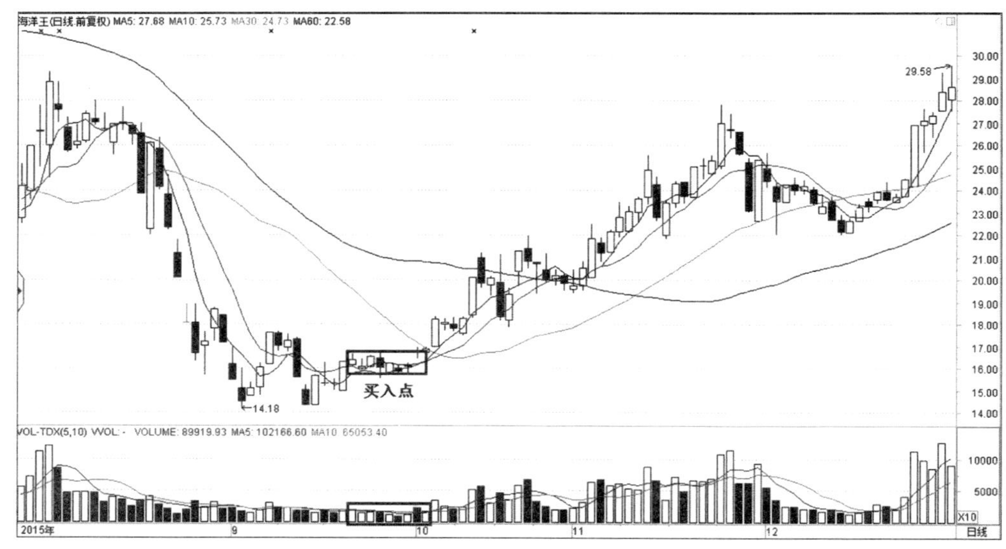

图 9-2 价格波动变小并缩量确认底部

只要股价轻微上涨就能引发更多的人入市，这样的市场就具有上涨的潜力，如果这种现象发生在成交量极度萎缩之后，那么就充分证明股价正在筑底。投资者在选股的时候需要有耐心，因为筑底需要一段时间。在成交量的底部买入的投资者需要具有很大的勇气和信心，但更需要有耐心。如果投资者对所持的股票几个月不见动静还能泰然处之，那么说明投资者具备炒股赚钱的第一个基本条件。

点金箴言

通常来讲，底部形态构筑成功后，在右侧的上涨过程中，如果伴随成交量温和放大，则较为可信，而无量配合的持续上涨，往往预示着主力资金已经控盘，这种底部形态的可信度还需要结合其他分析手段进行进一步分析。当大盘已处于底部区域，而个股某日成交量突然放大，股价上涨或股价缓涨，则表明已有机构大户在抄底，可适量跟进；当股价已突破颈线而上涨，成交量大增时，表明反转上升行情已成定局，可全线进仓。需要指出的是，底部形态的构筑过程中如果有些不规则形态，往往是一种自然形成状态，比较可信。相反，底部形态构筑得过于完美，反而有可能是主力资金刻意所为，投资者须提高警惕。

底部缩量涨停抄底法

底部缩量涨停是指个股在经过长期下跌或者底部整理之后，在某一天突然出现开盘就涨停，并且在涨停之后，成交量呈现出萎缩的现象，全天的成交相当稀少。在底部区域出现缩量涨停的现象，说明主力已经达到了高度控盘的程度。主力在前期收集到大量筹码之后，就开始对股价进行打压清洗，从而使得股价在筑底的过程中呈现出不断震荡或者是横盘整理的走势。当盘中的浮动筹码基本被清洗完之后，主力就开始拉升股价。在主力拉高股价的过程中，由于盘中的浮动筹码极少，再加上此时主力已经把筹码锁得相当死，因此，只要用很少的筹码就能把股价拉至涨停，并且很容易把股价牢牢地封死在涨停板上，此后通常都会立刻进入快速拉升的行情，不排除出现连续拉涨停的现象。

缩量涨停反映出绝大多数持有者对此股无强烈的抛售意向，此股便可在无较大抛压的情况下涨停，相对成交量就小些。由于相对的抛压少、上涨阻力小，从而有利于股价的上扬。股票出现缩量涨停的情况，原因有以下两种：一是主力控盘程度较高，不需要再收集多少筹码就可以轻松将股价拉升至涨停板；二是市场普遍看好该股后期走势，因而没人愿意卖出股票，使得股票出现缩量涨停。其实，无论基于何种原因，都说明该股未来上涨的可能性很大。因而，此时投资者宜跟进。

无论是在股价不断上涨的过程中，还是在股价经过整理之后出现这种情况，都预示着股价即将迎来一波上涨行情。投资者在实际操作中，遇到这种形态走势时，一定要高度重视，把握好买入时机。

缩量涨停之前，股价出现平台整理的走势，成交量明显萎缩，经过整理之后，股价开始慢慢上涨，而且在盘升过程中成交量一直很稳定。由此可以看出，在整个过程中，持股者比较稳定，抛压盘很少。当股价缩量涨停时，成交量还是没有放大，这时主力可能想要拉升股价，试探一下抛压盘的力度，发现并没有效果，因此就出现了之后的长时间横盘整理，并且股价振幅特小，旨在震出跟风盘。在经过整理之后，跟风盘基本坚持不住，而主力控盘也比较牢固，股价便突破平台，开始大幅拉升。如图 9-3 所示。

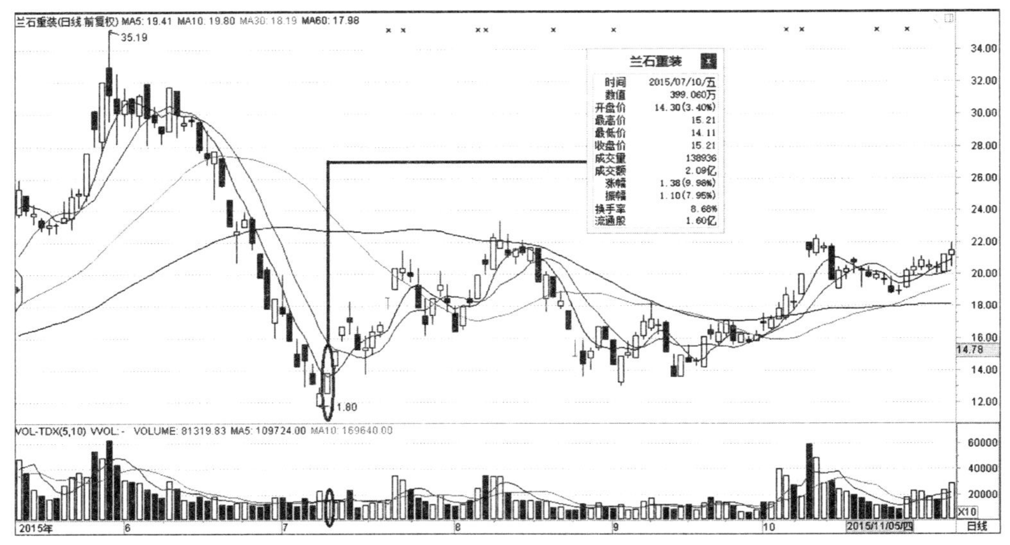

图 9-3　底部缩量涨停确定买入时机

缩量涨停是一种股价即将上涨的买入信号。投资者判断缩量标准时，应该着眼于成交量的横向比对，即只要当日成交量相比前一日或前几日成交量有所萎缩即可。

股票出现缩量涨停之后的走势也十分关键。股票涨停后，如果出现下跌走势，跌破了涨停前一交易日的收盘价，则说明该股有下跌的风险，投资者最好卖出止损。股票缩量涨停如果出现在底部区域，则可增大股价未来上涨的可能性。

点金箴言

缩量涨停形态出现在不同位置，往往具有不同的含义。当股价在底部出现缩量涨停时，意味着股价即将大涨，而很多翻倍黑马都是从这类股票中诞生的。当股价于顶部出现缩量涨停时，则说明量价关系不协调，股价有下跌的可能，投资者宜谨慎。

低位缩量再放量抄底法

底部先缩量再放量，是指股价在进行前期暴跌后，进入底部区间。在这个区间的前半部分成交量萎缩得很小，但是股价却出现小幅上涨，随后股价再次下跌，但是成交量已经比之前大了一些，这预示着场外资金开始试探性买入了。但是，此时下跌的阴影并不能挥之即去，所以买入的股民并不多，这就表示股价还需要一段时间才会开始上涨。

股价经过长时期大幅度下跌后，成交量随着股价不断下跌而出现萎缩现象。盘中做空动能逐步释放，抛压减小，筹码出现惜售，由于长时间没有做多行情，人气逐渐低迷。主力往往会在投资者无心关注股票时，开始建仓。新的资金不断进入，成交量逐步放大，场外资金看到股价出现了止跌，也陆续介入抄底。随着成交量由原来的萎缩向逐步放大转变，市场人气转暖，股价孕育一波反弹或者是反转行情。但连续缩量后放量，不一定马上就会迎来反弹或反转行情，关键还要看放量过程中多空双方力量的强弱。如图 9-4 所示。

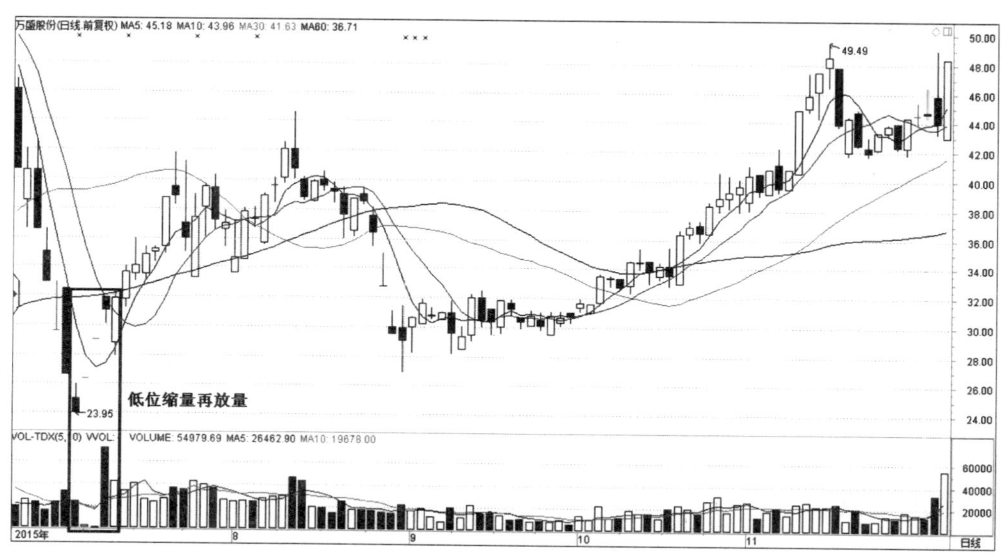

图 9-4　低位缩量再放量抄底

一般来说，个股放量且有一定升幅后，主力就会清洗短线浮筹和获利盘，并让看好该股的投资者介入，以抬高市场的平均持股成本，减少再次上涨时的阻力。由于主力是看好后市的，是有计划地回落整理，因此，下跌时成交量无法连续放大，在重要的支撑点位会缩量盘稳，盘面浮筹越来越少，表明筹码大部分已经被锁定，这时候，再次拉升股价的条件就具备了。如果成交量再次放大，并推动股价上涨，此时就是介入的好时机。由于介入“缩量回调，再次放量上攻”的个股短线收益颇高，而且风险比追涨要小很多，因此是短线客的最爱。目前市场中已有一部分人专门做这类个股，尤其在大盘盘整或震荡盘升的时候特别有效。

股价在市场底部区间走出该走势，表明股市人气回流，一部分先期成功逃顶的股民已经开始关注股市了，并进行买入。虽然在该区间买入的风险较小，但是股民也该保持冷静，可以待底部构建成功，并突破底部高点时再加仓买入，降低风险。

股票在缩量后的放量过程中，当股价上涨时很少出现大单卖出。在股票分时图中，出现股价按照一定上涨角度上涨，同时每次回落时都在均线处被再次拉起，此时就可以判断股市在不久之后将出现一次上涨。反之，如果股价在上涨过程中遇到大量的抛单，并且当日分时图中股价的走势也很杂乱，那么表明此时放量后还需要等待一段时间才有上涨的概率。

股价经过大幅下跌后出现连续地量状态，之后又出现放量，不要认定股价后期马上会出现反转行情，因为后市也有可能形成二次探底走势。投资者在这个阶段操作必须持谨慎态度，可分批建仓。

一旦股价放量上涨，就要观察盘中抛压情况和场外资金买入情况。如果盘中抛压小，股价 5 日均线、10 日均线走平，股价放量站上 5 日均线，投资者可以在控制好仓位的情况下，入场买进参与操作。即便后市再次出现下跌，也不必惊慌。因为经过大幅下跌，股价来到低位区域，价值被低估，此时介入可长线持有，这个阶段唯一的走势只有上涨。

点金箴言

投资者在看盘时，可以通过股票软件中的量比排行榜查看近期量比小的个股，剔除冷门股和处于下降通道的个股，选择那些曾经连续放量上涨，近日缩量回调的个股进行跟踪，待股价企稳、重新放量，且5日均线翘头和10日线形成金叉时，就可果断介入。通常，主力在股价连续放量上涨后，若没有特殊情况，是不会放弃既定战略方针，而去破坏良好的均线和个股走势的。若主力洗盘特别凶狠的话，投资者还可以以更低的价格买进筹码。需要注意的是，此类股票的30日平均线必须仍维持向上的趋势，否则有可能碰上“瘟马”。

底部巨量大阴抄底法

从表面来看，在股价缩量阴跌后，出现一根突然放巨量下跌的大阴线确实非常吓人，然而这正是主力打压吸货的一种常用手法。在一般情况下，这种低位下跌中的巨量大阴线出现后，都会有一波较大的上升行情。因此，投资者在以后的实战中遇到类似的情况，便可心中有数了。

底部巨量大阳的形态是：当股指经过较长时间的下跌后，股价已跌得一塌糊涂却仍然阴跌不止，大多数技术指标也开始显示出不同的底部特征，成交量在不断呈现萎缩之势，几乎到了无法再萎缩的地步。在此种行情中，股价突然开始大幅急跌，成交量急剧放大，所对应的当日K线收出一根大阴线。

在下降趋势的初始阶段，因为先前的一波上升趋势中所累积的巨大做空能量，在转入下降趋势之后，它犹如水灾一样，当堤坝出现一个缺口时，洪水如猛兽一样冲泻而下，气势汹涌。所以在下降趋势的初始阶段出现巨量大阴K线是空方力量的最强势表现，这样的情形反映了此时的做空能量已将做多能量斩尽杀绝，投资者在股价处于下降趋势的初始阶段出现巨量大阴K线时，千万不要伸手挡子弹。

这种低位下跌途中的大阴线，当日下跌时，股价跌得又急又快，且成交量巨大，盘中不时有四五位数的大单向下砸盘。一般投资者由于受大盘空头气氛的影响和盘中股价的大幅急跌，容易产生恐慌情绪而割肉杀跌。其实在低位出现这种大阴线，多数都是主力所为。主力为了在低位区域吸到大量筹码，利用恐慌性气氛刻意打压，收出恐怖的大阴线，目的是吓出惊慌失措的持股散户的低位筹码。低位见到急挫的大阴线时，一般来说股价离底部不远，或急挫的大阴线出现后，就是底部或阶段性底部。此时，投资者不应卖出，待其走稳后，还可主动出击，进场捡个大便宜。如图 9-5 所示。

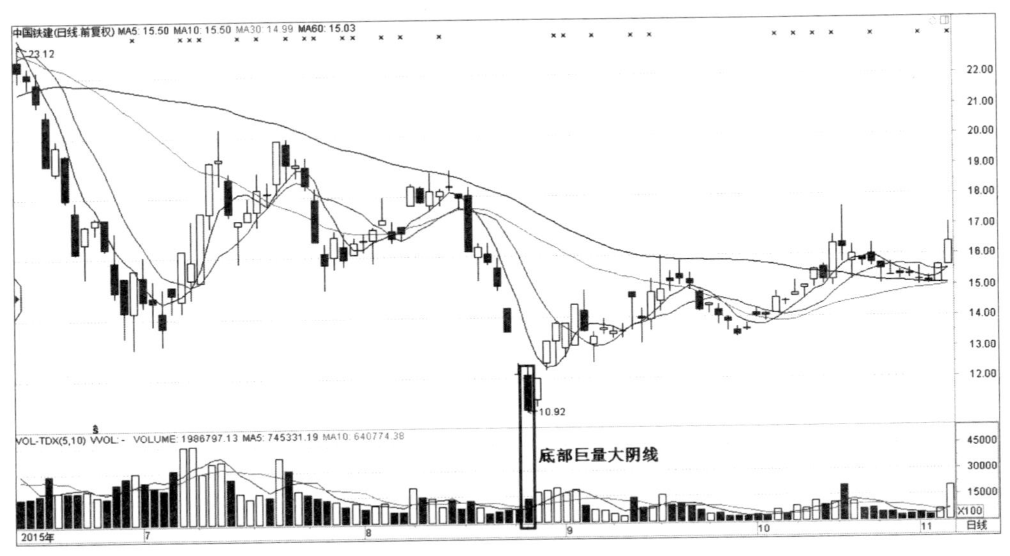

图 9-5　底部巨量大阴线抄底

另外值得关注的是阴线的实体大小。如果阴线实体太大，则即使主力后市仍将拉抬，短期内也将先行整理。主力通过巨量大阴及一段时间的横盘，可以将市场中的浮筹进行彻底的清洗，为其后的大幅扬升扫清障碍；而如果仅仅收出带长上下影的小阴线或阴十字星（有时主力调控失当，或由于市场在当天尾段大幅造好，可能还会出现小阳线或者阳十字星），并且在随后的短短几个交易日中即攻至其上，则主力可能在通过巨量阴线震仓之后，认为洗盘目的已经达到，新一轮的扬升行情随即展开。

再有一点就是次日走势。如果主力仅仅意在震仓洗盘，则股价从次日开始大多可以重新走好，有的甚至次日即开始展开凌厉的飙升行情。因此，在出现巨量阴线的当日，投资者可不必急于介入，第二天如果股价迅速收复失地，而成交量与前一日相比又明显萎缩的话，就可以大胆介入了。

点金箴言

低位巨量大阴线出现时，有的是直接见底，有的只是见底信号，并不能表明股价会立刻反弹。这种放量大阴线出现后，股价还有可能下跌，或者在底部持续横盘整理，因此在跌破止损位时要即时止损出局。巨量大阴线出现后，很多时候要在第二天或第三天才能见底回升，所以最好在第二天或第三天介入。介入时最好配合其他技术分析方法综合研判，如果其他分析方法也发出买入信号，则胜算更大。

底部巨量大阳抄底法

巨量大阳 K 线是成交量处于放大的极端状态，价格也处于最大范围的极端状态，量价配合上是量大增，价大升。

巨量大阳 K 线出现于下降趋势的初始阶段与中途阶段时，往往是主力在对倒成交放出巨量，并且在对倒的同时推高股价的结果，目的在于诱多骗线，这是主力在顶部区域出货未净留有“手尾”的一种卖货手法。使用此种手法有一个前提条件：市场上的短线抛盘经过下跌后已接近枯竭。

巨量大阳 K 线在下降趋势的初始阶段出现，股价后市在反弹过后仍会下跌。巨量大阳 K 线在下降趋势的中途出现，股价后市在反弹过后仍会下跌。巨量大阳 K 线在下降趋势的末尾阶段出现，股价后市看涨。如图 9-6 所示。

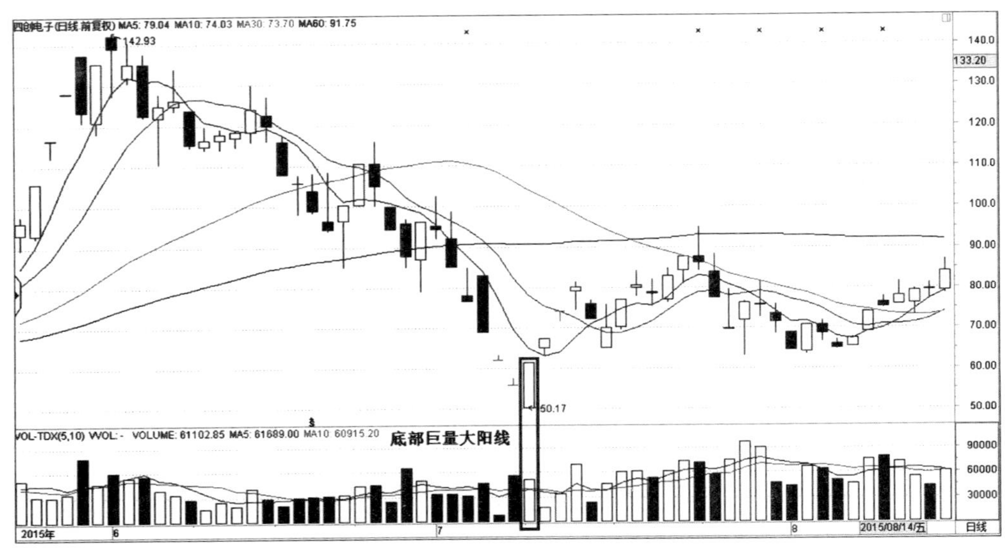

图 9-6 底部巨量大阳线抄底

点金箴言

巨量的形成原因是买卖双方在该天这个价格范围内巨量成交的结果，当投资者看到巨量时，在想到有巨量的买单买进，也应该想到有巨量的卖单在卖出，这样的巨量换手在任何一只股票中都属于是异常交易，异常交易顾名思义就是有别于平常时的特殊交易。巨量大阳出现于下降趋势初始阶段与中途阶段，是主力对倒出货制造的虚假成交量，但当股价进入下降趋势末尾的盘底阶段出现的巨量，往往则是真实的成交量，投资者应该积极买入做多。

地量地价抄底法

地量地价是指个股（或大盘）在成交量非常少的情况下，其股价（或大盘指数）也创出了阶段性的新低现象。它常出现在长期下跌的末期，是一种特殊现象。所谓“地量”，是指股票（或大盘）创下了一直下跌以来的最少成交量；所谓“地价”，是指股票（或大盘）创造了一直下跌以来的最低价位。地量地价是建仓的好时机，故称地量地价抄底法。

地量是股市中比较常见的一种成交情况。地量分为两种情况：一是绝对地量，即一只股票某个交易日的成交量创下了上市以来的历史最低值；二是相对地量，即一只股票在某一时间段内创下了成交量最低值。

当股价从高位一路下跌后，随着成交量的明显减少，市场表现清淡，人气涣散，交易不活，股价震幅较窄，场内套利机会有限，几乎没有任何赚钱的机会。此时，持股的不想卖股，持币的不愿买股，直到已经没有多少抛盘出来，最终成交量和股价均创历史新低。

真正的地量地价通常意味着趋势跌无可跌了，是市场行为的真实表现，也是主力在成交量中唯一不可做假的地方，因为主力可以虚增成交量，却无法减少市场上的成交量。需要说明的是，交易者在判断地量地价时，需要从较长的时间周期来观察，比如趋势下跌了半年或一年后，此时观察地量地价方显成效。如图 9-7 所示。

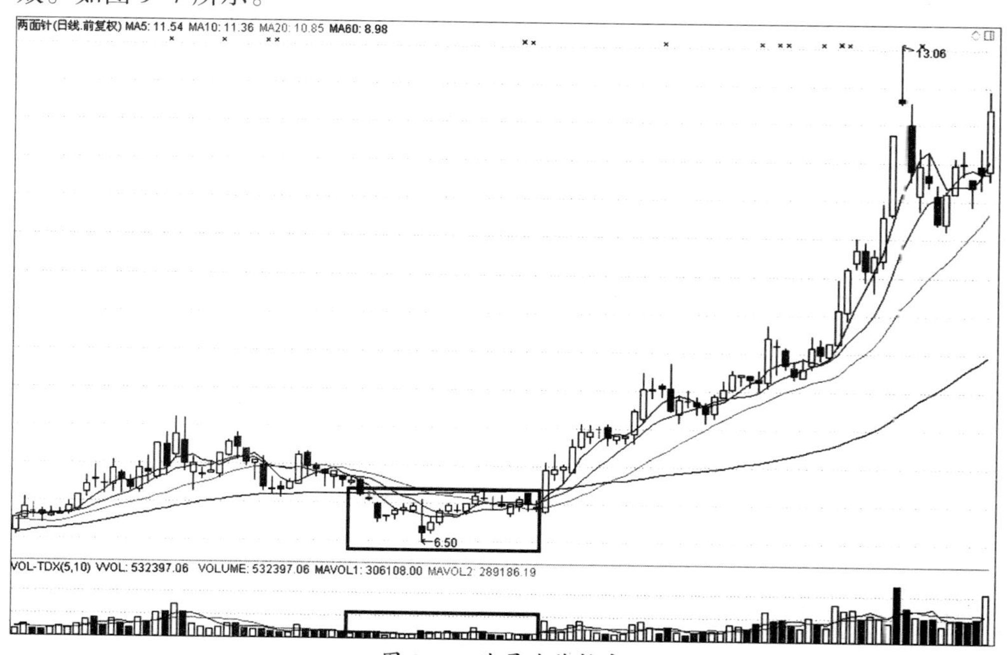

图 9-7 地量地价抄底

点金箴言

在下跌行情的末端，经常会出现地量，但是，出现地量并不意味着一定进入了下跌行情的末端，有时地量只能意味着阶段性低点的来临。当成交量不再萎缩，也就是地量出现时，投资者还需要观察股价的变化。如果股价也不再下跌，则可跟进买入股票。当成交量与股价双双达到最低点时，投资者可以综合其他技术指标进行判断，一旦相关技术指标发出买入信号，即可买入股票。在上涨行情中出现地量的情况，往往都是上涨回调中的缩量情形，这时往往是投资者加仓的最好时机。

底量超顶量抄底法

一般来说，当某只个股形成头部时，是必须放出巨大成交量的，就算这种放量不能和上市头三天相比，也必须是相对的天量，同时出现天价，之后股价才一路下跌。但是，有些个股在形成头部之时，成交量只是象征性地放大，换手率不足，而股价却开始下跌，给人的感觉是主力来也匆匆，去也匆匆。当这只个股到达阶段性底部后，成交量却突然异常放大，同最近的时间段相比，该股成交量的放大速度往往高达 10 倍以上，就算和形成头部时的成交量相比，也是有过之而无不及，往往超过当时放量的规模，这就是“底量超顶量”现象。

当股价从头部滑落一段时间后，会有一个见底回升的过程。这个头部区间的成交量称为顶量；见底回升时的成交量称为底量。如果底量能大大地超过顶量，则较容易通过顶量造成的压力带。

主力一般会在股价下跌通道中收集筹码，因此一边打压股价一边进行买入，其成交量不可能放大。只有当股价跌到主力满意的低价区时，主力才肯大力收集筹码，此时成交量会急骤放大。虽然当时的股价还在前一头部之下，能否冲上去还令短线客担心，但是急骤放大的底量如果远远地大于前顶量，则说明主力并不将前头部看在眼里，甚至把它看成是新行情的底部。如图 9–8 所示。

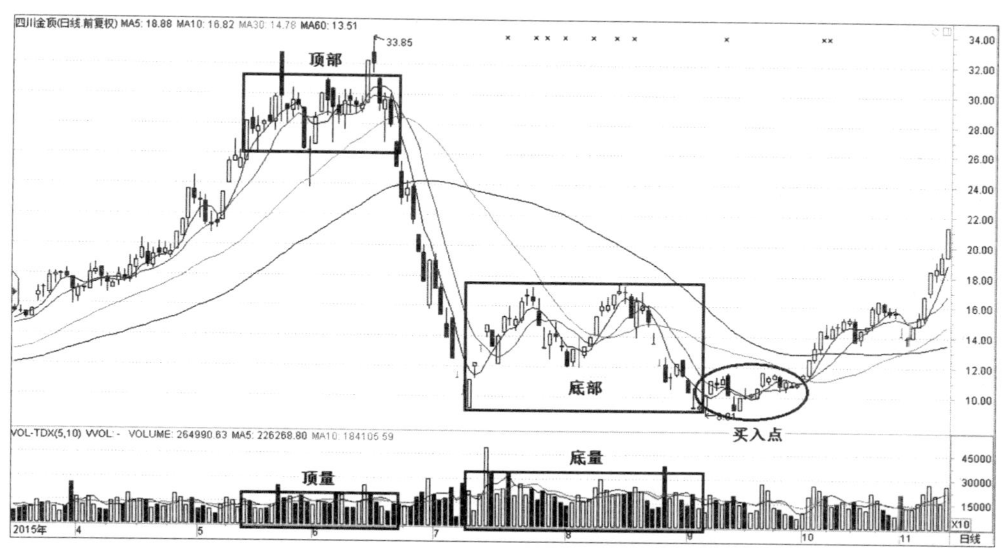

图 9-8 底量超顶量抄底

点金箴言

如果该股底部的放量远大于顶部的话（即底量超顶量），则说明该股的上涨幅度会很大，远远高于形成顶部时的位置，这便是底量超顶量的特殊意义。股价未动，成交量却已大幅变化，随后才是股价大幅上涨，这是一个极佳的中短线买入机会。若成交量的变化远大于见顶之时，则买入该股的投资者不必担心前期顶部的压力。通常情况下，这种底量超顶量往往要靠利空消息来协助构成。同时，这种情况的另一面则显示出了主力的非凡实力，说明该股的主力志存高远。

阶梯状放量抄底法

所谓的“阶梯状”量能，又称为“柔量”，它的放量方式是从极度萎缩状态慢慢转变成温和式放量。投资者掌握并运用好这一技巧，对短线买卖点的准确把握和一些黑马股启动前奏的观察有着重要意义。

当股价一轮上涨周期结束后，通常会从波段性高位滑落至相对低位，成交量也随之逐渐缩小，当量能极度萎缩时，表明市场买卖双方力量达到平衡状态。随后的某个交易日股价开始小幅上扬，成交量也小幅呈阶梯状放大，并且超过了前期的低量区，我们称它为“柔量”。

温和放量大多是由于主力资金的低位补仓导致的。既然主力能够投入资金，说明后市继续看涨。但是通常情况下，多数资金无法确定是小的反弹还是反转信号产生的涨势。温和放量往往是指当日换手率都不很大，一般在5%以下，但是又明显比前面的缩量阶段有持续放大的形态。当股价在温和放量上涨之后，一旦调整幅度不低于放量前期的低点，缩量之后再度放量，那么此时往往就是短中线较好的介入时机。如图9-9所示。

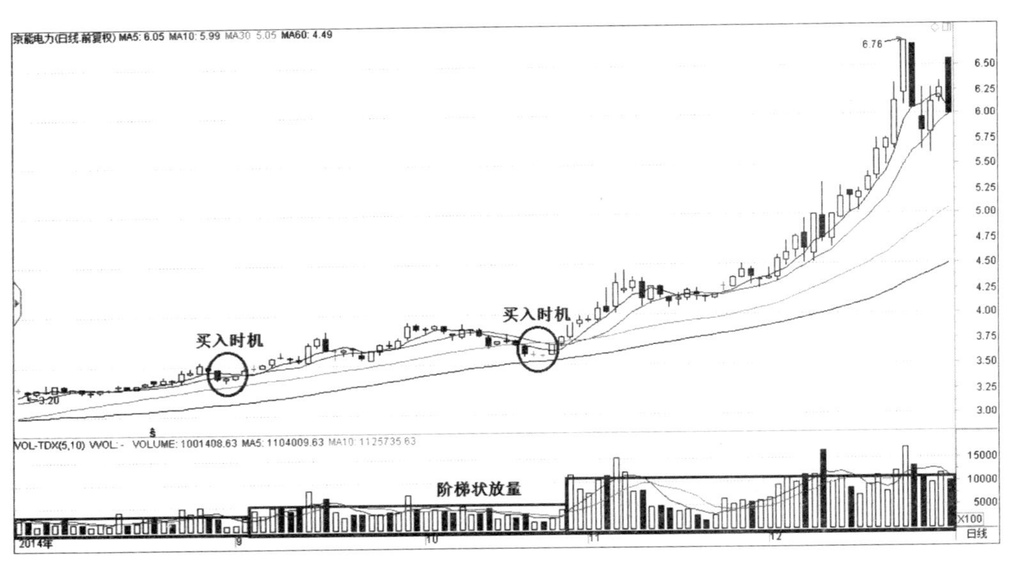

图9-9 阶梯状放量抄底

点金箴言

温和放量有可能是长线主力的试探性建仓行为，之后出现的上涨行情往往不会持续太久，很快就会出现回调的走势。也有可能是长线主力的试盘动作，主力会根据大盘运行趋势来决定下一步的动作，如果大盘走势好，主力可能会拉升股价，而大盘走势看跌的情况下，主力往往会打压股价，以更低的价位吸取筹码。因此，投资者最好把温和放量作为寻找“黑马”的一个参考指标，寻低位介入。

巨量打开跌停板抄底法

一般来说，跌停板是交易所规定的股价在一天中相对前一日收盘价的最大跌幅，不能超过此限，否则自动停止交易。跌停板通常都是由于重大利空或主力为了快速建仓采用的惯压法而产生的，使其能在一天之内建仓完毕，但有时跌停会一连三天。何时跌停可以买，何时不可以买，这是由当时的大盘局势加之主力的操作意向所决定的，手法千变万化。

当股票出现跌停时，投资者往往希望下一个交易日该股继续跌停，以便能在更低价位跟进，于是股价因缺少足够的买盘而无量空跌。而股票一旦在跌停中途出现巨大的成交量，说明有主力的主动买盘介入，股价即将出现反弹或反转。

当一只股票的股价从跌停板上被拉起时，投资者就需要注意观察该股其后几个交易日的走势。如果股价开始向上运行，则应果断跟进买入；如果股价向下运行，则继续观望。当跌停板被巨量资金打开后，股价在接下来的几个交易日内没有再创新低且成交量明显萎缩，可确认是中短期底部来临，投资者可执行买入操作。

如果跌停板被打开后，股价仍旧维持下跌格局，投资者切不可轻易买入股票，以免被套。如果一只股票连续数日被封住跌停板，那么，一旦跌停板被打开往往会有一波反弹行情，只是有的反弹持续的时间长，有的反弹持续的时间短而已。

点金箴言

投资者必须注意的是，股价的跌停主要是因为受到重大利空消息的影响，如果重大利空消息被兑现，则表明巨量打开跌停板为真正的有利买入时机，股价日后必定看涨。而如果重大利空消息还没有完全兑现，投资者则应等其完全兑现后再介入。此外，投资者还应在巨量打开跌停板后密切跟踪股价的走势。如果股价在后来的两三天内止跌企稳，说明底部已经形成；而如果股价在后来的两三天中继续下跌，且创出新低，说明股价跌势未尽，投资者应持币观望。

第十章 不同行情中的抄底

股市的行情一般有牛市、熊市、盘整、创新高、创新低、筑底、反抽、反转、反弹等。股市不可能一直处于牛市，也不可能一直处于熊市，总是在不同的行情中来回循环，投资者需要掌握在不同行情中的操作技巧，这样才能增加获利的机会。

牛市行情中抄底

一般来说，投资者在牛市中赚钱的机会应该是比较大的，因此，掌握牛市中的投资策略至关重要。

一、牛市的阶段划分

牛市一般可以划分为三个阶段，针对不同的阶段，投资者可以采取不同的操作策略。

1. 牛市第一阶段

牛市第一阶段，股市呈现恢复性上涨，大部分股票都会上涨，这是对熊市中过分下跌的修正。此时，投资者可以选择买入并持有最能赚钱的优质公司的股票，并且采取“乌龟政策”，只买进不卖出。

2. 牛市第二阶段

一旦市场步入牛市第二阶段，会出现一批较为优质的公司。投资者需要做的就是调研一批较优质的公司，作为“猎物”。

3. 牛市第三阶段

在牛市的最后一个阶段，市场中大多数股票都会上涨。投资者必须时刻做好准备，待有利时机到来时立即介入。如图 10-1 所示。

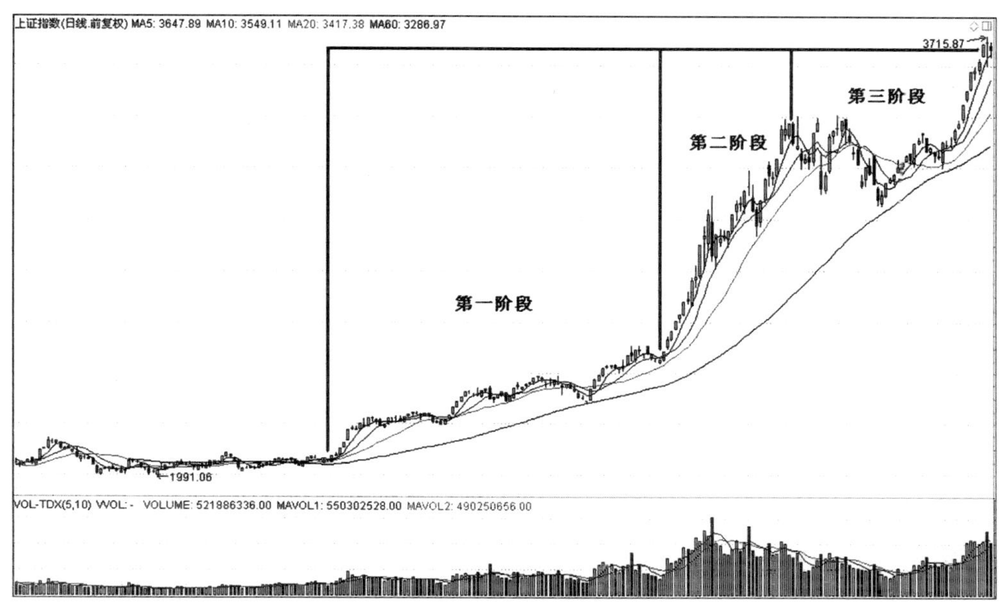

图 10-1　牛市的三个阶段

二、牛市抄底要点

在大盘和个股均经过了长时间下跌之后，已经出现了企稳迹象，股价低点逐步提高，日 K 线形成了双重底、三重底、头肩底、潜伏底、圆弧底等底部形态，底的右侧已经开始放量，一旦突破了颈线位，可大胆买入。如图 10-2 所示。

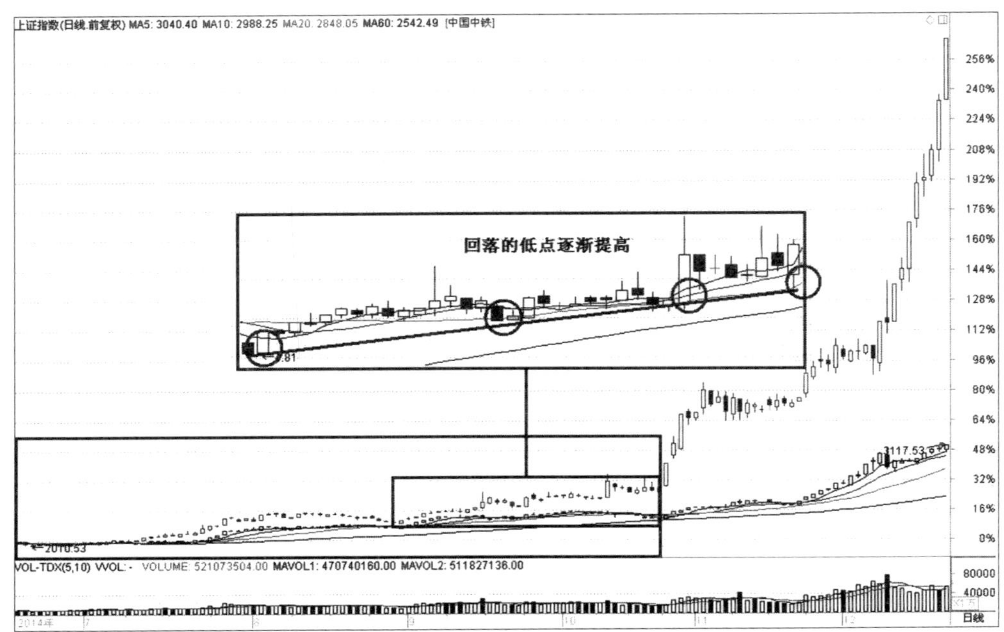

图 10-2 股价回落的低点逐级提高

在大盘和个股均经过了长时间下跌之后，又出现了加速下跌，然后突然连续放量上涨，则回调时可大胆买入。底部放量的第一个大阳线或涨停板，是买入股票的最佳时机，无论是从短线还是从中线来看，都会有很好的获利机会。在一旦确定大盘已经进入牛市之后，应该果断地买入人气最旺的股票，不管这些股票的价格有多高，应坚决果断地介入，一定能有最丰厚的回报。如图 10-3 所示。

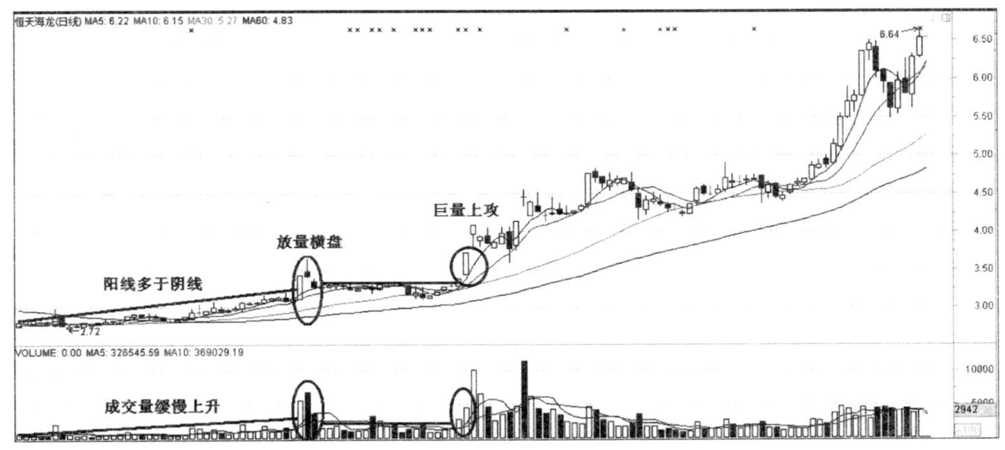

图 10-3　底部放出大阳线是抄底时机

当目标股票技术系统的月线 KDJ 指标、周线 KDJ 指标、日线 KDJ 指标，即所有周期的指标均在 20 以下低位全部金叉共振向上攻击发散时，是千载难逢的买进机会。个股在经过长时间下调后开始企稳回升，在放量收出了一根大阳线之后，又连续收出了不断向上的小阳线或十字星（三个以上），预示着后市将大幅上涨，可果断跟进。

三、牛市抄底技巧

在牛市中成功抄底需要注意以下几点。

1. 牛市选“热门”不如选“冷门”

一般而言，投资者都渴望把握市场的焦点，获取利益。但是，对于投资者而言，要准确把握焦点并不是一件容易的事情。因此，与其追逐风靡一时的热门股，不如在冷门股中寻找“金矿”。操作冷门股，投资者首先要注意品种选择、总量控制；其次是采用逢低分批方式买入；最后是所持股票股价上涨时不要贪，坚持快进快出、见好就收。

2. 牛市中要学会在调整中大胆抄底

尤其是对于领涨的主流品种，在其出现第一次大调整过程中，一旦出现缩量走稳，便可大胆介入。因为主流品种的第一次上涨往往都是建仓过程或是脱离主力资金成本过程，调整后才会展开最具爆发力的拉升行情，如果在调整末期及时抄底，随后的涨幅也相当大。同时，在一波行情尚无见顶迹象之前，期间的调整都是不错的介入机会。

3. 集中操作

由于牛市总的行情是上涨趋势，市场向好，收益的概率相对较大。因此，投资者要把资金相对地集中起来进行操作。另外，投资者需要遵循利益最大化原则，将主要资金集中投向自己熟悉且成长性较好的个股。

4. 分期操作

股谚有言："牛久必熊，熊久必牛。"在牛市中只要在所谓黄金交叉点处购入个股，其利也稳，其益也丰。投资者应在预期收益率和实际收益率之间进行比较，结合利空和利好的实际状况，适当分批分期减仓，首先要减那些利润率已很高且上冲余地不大的个股，同时介入一些业绩稳健的绩优股，以回避风险。

点金箴言

股票与商品一样，都有自己的旺销期和滞销期。事实上，反季节投资要确立与众不同的投资理念，进行逆向思维，敢于人弃我取。另外，在操作中要我行我素，不赶所谓的主流。当然，反季节投资的前提是股票质地要好，估值要合理，拥有长线投资价值。

熊市行情中抄底

所谓"熊市"，也称空头市场，指行情普遍看淡，延续时间相对较长的大跌市。谁都知道要在熊市抄底，获利的希望才能更大，但在很多情况下，底部就摆在投资者面前，很多人却不知晓，往往做出在地板价割肉斩仓的错误行为，后悔不迭。

熊市见底特别受人关注，因为这是抄底的良机。被美国证券界称为超级巨星的彼得·林奇就认为："股市下跌就像科罗拉多一月的暴风雪一样平常，如果你有准备，它并不能伤害你。下跌正是好机会，可以去捡那些慌忙逃离风暴的投资者丢下的廉价货。”

一、熊市选股策略

熊市市场是选择“黑马”的最佳时机，也是主力吸货的最好时机。对于在熊市市场中能保持强势走势的个股要倍加留意，投资者不妨将此类个股纳入到自己重点观察的组合中，进行连续追踪，并密切关注其各方面的变化。要知道，该跌不跌必有其深层次的理由，抗跌股往往是孕育黑马的温床。

熊市中选股要关注大盘走势，了解盘中热点，以及政策的转变。投资者可只选不买，为将来牛市到来选好准备中长线投资的主打股票。这种只看不动的策略非常重要，可以为未来打下坚实的基础。选股时要遵循下面的原则：

（1）逆市走强的股票。

（2）击穿历史新低的股票。

（3）跌幅相当惨烈的股票。

（4）前期曾有强庄介入但深度套牢的股票。

（5）前期十分活跃的股票。

（6）短线严重超跌的股票。

（7）靠近重要支撑位的股票。

（8）远离均线的股票。

二、熊市抄底技巧

成交量的增减显示股市行情的荣枯。大凡交易热闹时进场的，都是希望获得短期的差价收益。如要着眼于长期投资，则不宜在交易热闹时进场，因为此时多为股价走高的阶段，如进场建仓，成本可能偏高，即使所购的股票业绩优良，能够获得不错的收益，较高的成本还是会使投资回报率下降。

如果长期投资者在交易清淡时进场建仓，或许在短期内不能获得差价收益，但从长期发展的角度来看，由于投资成本低廉，与将来得到的收益相比，投资回报率还是可以令人满意的。因此，交易清淡时，短线投资者应袖手旁观，而对于长线投资者来说，则是入市建仓的大好时机。

通常，熊市见底的一般性规律有以下几点：

（1）股市接近见底时所有的消息都是不利的，报纸上所刊载的新闻，皆是破产案大增，失业率上升、汽车销量减少、零售业不景气等。并且股市真正见底时期，大多数投机者正焦头烂额，无力东山再起，借钱投机者数目有限。

（2）创新低的股票数目异常之多，代表大盘即将见底。

（3）蓝筹股或优质股在市场上一般具有最强的抗跌能力，只有在熊市接近尾声中才跌势急速，投资者一般只有在最后才会将其售出，如果蓝筹股加入大跌的行列，说明股市已进入谷底。

（4）投资者由以往的贪婪，变得对股市完全不闻不问，并对股市回升不抱希望时，股市才真正见底。

在股价总体趋势向下的跌势中，投资者的主导策略应是看紧现金，看准反弹做个短线，并尽快平仓离场。千万不要以为股价出现反弹就会升到哪里去，能博到一点短线差价就已经很不错了。不要怕买不到股票，也不要以为股价跌了这么多，已经很便宜了，买了套住也不怕，这些想法是很害人的。长期弱势所能达到的低价往往在投资者想象之外，股价跌了可以再跌。因此，抢反弹一定要在看准的有效支撑位处买入，看不准时宁可错失短线机会，也不宜在跌势未尽时束手被套。

另外，进行短线操作，必须仔细研究 K 线图。K 线图是一种记录股价走势的特殊语言，比如孕线（图 10-4）、底部星线反转等都描述着股价变化情况和反转信号，每一条 K 线相当于一个短语，由许多条 K 线构成的图形则相当于一个语句。精通 K 线的人必能在跌势中保存实力，同时又能赚一点短线差价。只是 K 线图这门语言相当深奥，需下工夫去研究。

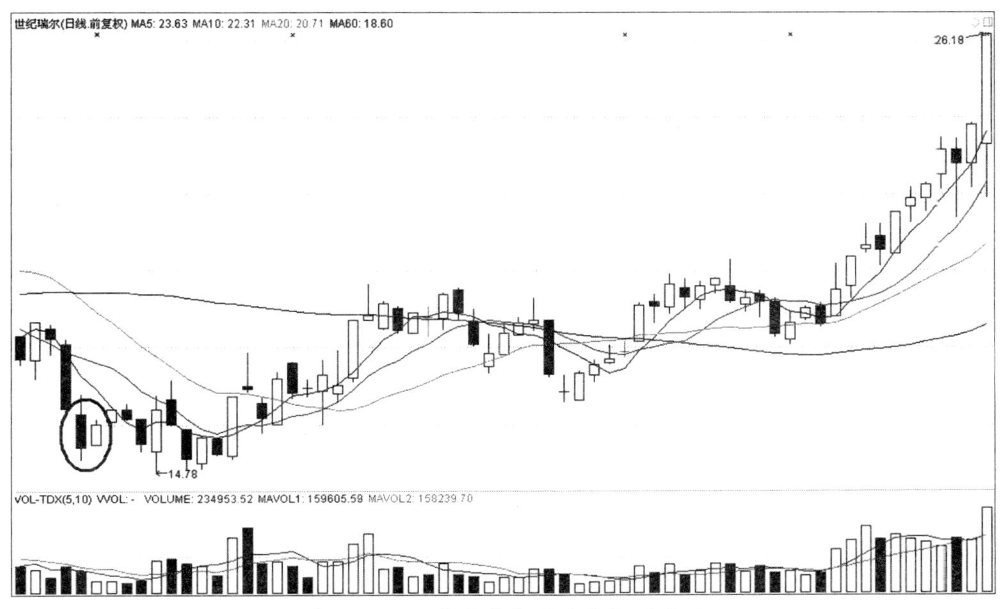

图 10-4 用熊市底部孕线捕捉黑马股

三、熊市抄底注意事项

（1）如果市场出现熊市特征，表明由于诸多因素的作用，大盘已进入阶段性整理。当大盘进入中期调整后，大多数个股的走势将追随大盘。俗话说“顺势而为”，所以在市场出现明显的熊市特征后，多看少动，以空仓为主，是投资者保护自己的最好办法。如果空仓有难度，持仓最好不超过30%，一般应控制在50%以内。

（2）投资者如果仓位较重，不妨以静制动，保持平稳的心态。如果持仓的个股出现反弹，对于能平推的股票，逢高应择机离场，至少应减半仓。同时，对质地不佳、业绩不好、被套不深的个股，必要时要适时止损。兑现的资金可以在市场走稳后抓反弹或介入手中仍持有的个股，摊低成本。

点金箴言

在熊市中，新股上市后的价值往往被低估。上市时大盘走势不好，会使新股上市定位与市场预期有很大的距离，这为市场主力低价建仓创造了良好的机会。如果投资者把握得好，将取得事半功倍的效果。熊市中个股连续走强的概率很小，并且在震荡市中个股的波段性特征十分明显。所以投资者在操作时切忌追涨杀跌，同时对个股的上涨幅度不可抱太高的期望，操作上应以短线为主，否则容易来回坐滑梯，甚至被套。

横盘行情中抄底

横盘指股价徘徊缓滞的局面，在一定时期内既不涨上去，也不跌下来。这种情况一般出现在底部或者是庄家洗盘吸货时，投资者这时不应参与操作，应注意观察，等形态走好，再介入搭顺风车。

一、横盘行情的特征

根据横盘行情时股价的相对位置可以大致分为低位横盘、中位横盘和高位横盘，详见表 10-1。

表 10-1　横盘分类

横盘分类	特征
低位横盘	（1）股价曾经历过放量暴跌，抵达低位后，成交清淡。 （2）横盘的时间较长，至少在 3 个月以上，有的股票甚至长达一年。 （3）横盘期间没有明显的放量行为。 （4）横盘期间股价虽有波动，但总体上是运行在一个箱体中的。
中位横盘	（1）短线盘中行情振荡幅度加大，股价突然上冲或跳水行情交替出现并伴随较大的分时成交。 （2）虽然股价在盘中上蹿下跳，但是股价的运行重心位置改变不大。 （3）成交量仍然保持在较高的水平。
高位横盘	（1）分析该股高位横盘时，筹码是处于不断分散之中，还是处于不断集中之中，只有筹码不断集中的高位横盘股票才可以关注。 （2）成交量伴随着股价的横向整理而处于不断的萎缩之中，地量不断出现，使得高位横盘时的换手率不足以支撑主力资金的出货。 （3）市场整体行情较好，人气较为旺盛。

横盘整理后选择突破，是短线参与的好策略。横盘整理往往是变盘的前奏

曲，特别是股价经过一段下跌过程后的横盘整理，很容易形成阶段性底部。

横盘行情的基本特性是行情将在一定区间内上下波动。参与这种行情只宜高抛低吸，不宜追涨杀跌。如果大盘上涨了两天，投资者认为趋势已经反转了，就贸然追高买入个股，往往将因此被套在波段高点。同样的道理，当股市正常下跌时，投资者也不要过度看空，而是要适量地低买。

二、横盘行情的抄底技巧

横盘行情中除极少数强势股以外，绝大部分个股行情的涨升空间都比较有限。如果投资者发现行情已经启动而最佳的介入时机已经错过，就不要急着参与这轮波段行情。横盘行情中适当地放弃一些不适宜参与的炒作机会，反而容易把握住更好的市场机会。

下跌行情形成的横盘整理结束时，在绝大多数情况下将选择向上突破，此时股市往往能形成阶段性反转行情或极有力度的反弹行情。

上涨行情形成的横盘整理是最为复杂的整理行情，其最终的方向性选择具有相当大的不确定性，必须根据量价特征，并结合技术分析手段进行具体的研判。如果成交量萎缩不明显或成交量有放大迹象，则往往说明其中有部分主力资金正在外逃，后市极有可能见顶回落。如果成交量是急速萎缩的，则说明做空动能不强。在横盘整理行情结束时，后市仍有进一步上涨的机会。

点金箴言

当投资者在参与横盘行情中有所盈利时，一定不要过于贪心，而是要注意及时地获利了结。因为在横盘行情中，每一轮波段行情的持续时间都不长，获利空间也不大，如果投资者因为贪心而犹豫不决的话，必将会错失卖出时机，使盈利化为乌有，甚至招致亏损。如果投资者在参与横盘行情中出现一定的失误，或者发现市场趋势发生根本变化，如股市重新转入下跌趋势中时，不论自己持有的个股是否出现亏损，都必须及时止损，防止亏损的进一步扩大。这个时候，宁可休息，也不要追逐微利。

创新高行情中抄底

股价能够连续创出历史新高，表示行情比较强劲，后市非常乐观。大盘如果连续创出新高，在操作时，投资者也可选择连创新高的个股。大盘创新高，说明行情本身具有内在的强势；个股股价创新高，说明这只股票的所有历史套牢盘被主力资金全部买走，主力资金既然有这样的能力，后市的涨幅一定不会太小。

股票之所以能够创新高，说明股票看多力量强大，买盘增加，来自套牢减仓的压力较小，一般后市看涨（图 10-5）；但是如果不断创出新高，并且成交量不能有效配合，则需要注意风险。

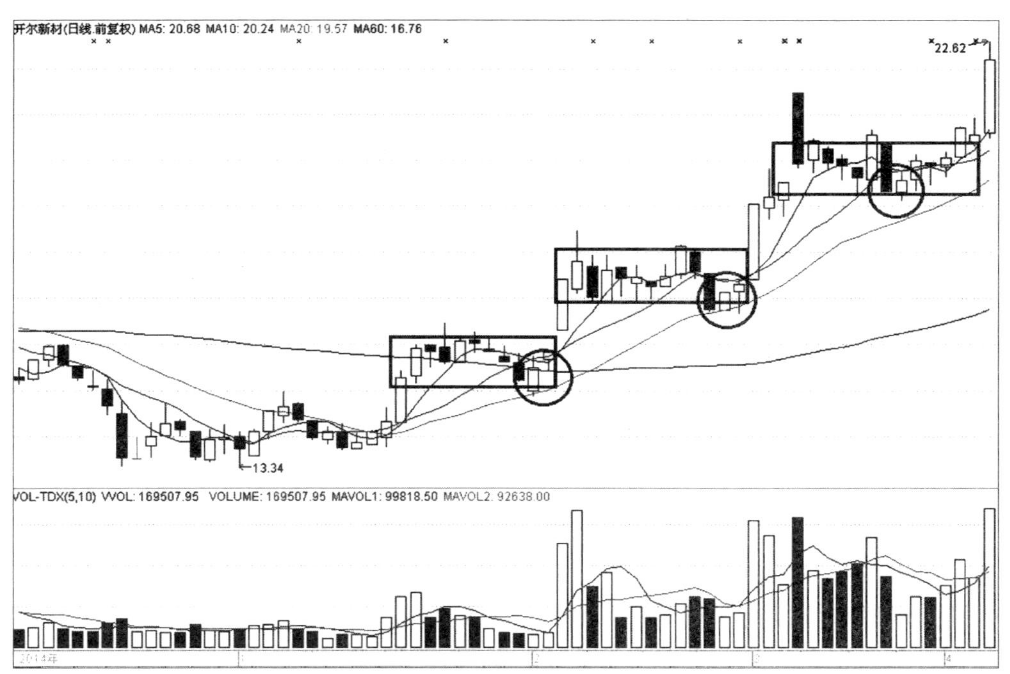

图 10-5 创新高行情中抄底

创新高时不但不该卖出反而该买入的股票有两大类。

第一类是创新高时突破平台。当一只股票处于上下空间不是太大的震荡期时，我们应当保持观望，因为谁也说不准结束震荡之后股价究竟是向上突破还是向下跌破平台。而跌破平台之后往往意味着一段主升或主跌的行情即将开启，当创新高且伴随着突破整理的平台再加上成交量出现放大时，我们就能追涨。

第二类是创历史新高回踩确认。股价创出了上市以来的历史新高，没有了套牢盘，所有人都处于盈利状态，大家都会握紧筹码，但还是会有少部分人信心不足。而在创新高后经过回调确认再次走强时，投资者便会打消顾虑形成一致看多做多的共识。

创历史新高之后继续大幅上涨的股票还有很多，特别是在牛市行情中，投资者做多热情高涨，再加上股票参与者处于绝对盈利的优势，使得股票上涨变得特别容易。即便是在震荡市之中，能够创历史新高的股票也往往会出现一段可观的波段行情。

点金箴言

在股价创新高时，投资者要注意关注公司业绩是否大幅增长，个股是否具有重组、并购等消息，或者基本面是否发生实质性的变化，如果出现这些情况，那么此股后市将会连续创新高，大幅上涨。在这种行情下的最佳买点，就是股价刚创新高时，如果配合着成交量缓慢放大，涨势将再次被确定。

创新低行情中抄底

在股市下跌行情中，股指常常会创下新低，很多投资者认为创新低意味着股市的下跌空间被打开，股指将面临更大的跌幅。但是，总结历史上的创新低行情，可以发现，虽然股指每次都能将前期低点跌穿，但每一次创新低后，都能很快出现强劲反弹行情，甚至是反转行情。因此，股指创新低时，投资者需要采用适应市场的操作技巧。

在创新低的行情中，是否参与操作，关键是考察空方力量是否具有衰弱的趋势。如果股价屡创新低，说明空方力量在逐渐减弱，投资者可以去寻找买卖点。股价在经过缓慢下跌和急跌两个阶段后，K 线形态是阴线多，阳线少，而且 K 线的实体都比较小，在加速下跌的尾声，投资者可以考虑介入。

从下跌的幅度看，在强势行情中如果股价累计跌幅达到或者超过 30%，在弱势行情中如果股价累计跌幅达到或者超过 60%，一般情况下会出现反弹。从成交量上来看，阴跌时成交量应该逐渐减少，地量反复出现，而加速下跌时，成交量会有所放大，这是因为每一轮加速下跌都会引起恐慌盘割肉出局。当出现上述情况时，投资者可以考虑买入。投资者在抢反弹时买入的股票，必须设定好止损点。一旦股价跌破止损位，就应该毫不犹豫地卖出，否则只会越套越深，很难再解套。

创新低行情中，虽然跌势凌厉，但股市的向下发展空间已极为有限，而未来的行情中存在反弹上涨的机会，这时市场风险正逐渐向投资机遇转换。如果在选股方面确实存在问题，投资者需要卖出股票，也应该等待出现反弹的时机，实际操作中，通常创新低不久后股市就会爆发反弹行情。

我国股市目前的做空机制尚不成熟，所有的投资者都必须低买高卖才能获利，而创新低恰恰是一种低买的机会。创新低抄底也可以分仓买入。如图 10-6 所示。

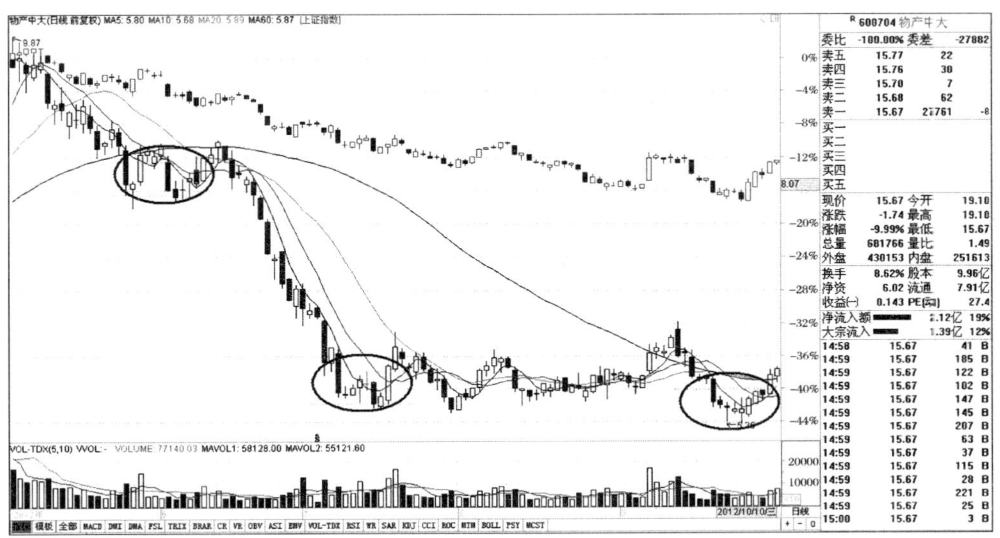

图 10-6　创新低行情分仓抄底

点金箴言

选好股后，投资者不要立即买进，也不要预测底在哪里，更不要试图买在最低位，此时唯一要做的就是耐心等待，等待趋势的彻底转向。由于每次大盘产生实质性反转时，都能上涨数百点，所以放弃底部启动时的数十点空间并不会影响投资收益，而且会使投资安全性大幅提高。

参考文献

[1] 永良. K线图入门与技巧[M]. 上海：立信会计出版社，2015.

[2] 黄金. 零起点股票投资一本通[M]. 北京：中国宇航出版社，2014.

[3] 王达菲. 股票技术分析大全[M]. 北京：中国华侨出版社，2013.

[4] 崔慧勇. 找准买卖点：股票最佳买卖点实战大全[M]. 北京：中国电力出版社，2013.

[5] 杨婧，李秀霞. 学会炒股的第一本书[M]. 北京：中国华侨出版社，2013.

[6] 陆佳. 从零开始学选股[M]. 北京：清华大学出版社，2012.

[7] 邱立波. K线技术分析[M]. 北京：中国宇航出版社，2012.

[8] 郝鸿雁. 抄底逃顶实战技巧[M]. 北京：中信出版社，2012.

[9] 付刚. 一卖就涨？买在起涨点的126个信号[M]. 北京：人民邮电出版社，2010.

[10] 康凯彬. 买在起涨点：股票最佳买入时机实战技法[M]. 北京：中国纺织出版社，2012.

[11] 王林峰. 从零开始学指标10大技术指导买点卖点止损位补回位图解[M]. 北京：中国经济出版社，2012.

[12] 江河. 中国股市操练大全[M]. 北京：中国华侨出版社，2013.

[13] 老牛. 短线擒黑马：切准买入时机的76个细节[M]. 北京：人民邮电出版社，2011.

[14] 陆佳，张术强. 从零开始学K线[M]. 北京：清华大学出版社，2012.

[15] 陈金生. 短线买入卖出的66个信号[M]. 武汉：华中科技大学出版社，2013.

[16] 苏坚. 股市技法揭秘决战涨停[M]. 北京：地震出版社，2012.

[17] 曹千阳. 精准判断买卖点炒股就这一招[M]. 北京：中国宇航出版

社，2012.

［18］启升. 炒股就这几招——3技术指标盈利实战技法［M］. 深圳：海天出版社，2012.

［19］张文，赵振国. 龙头股实战技巧［M］. 北京：中国宇航出版社，2013.

［20］刘振清. 赢在起涨点实战图解版［M］. 北京：机械工业出版社，2012.

［21］索晓辉. 选股心经：买在起涨点的选股方法［M］. 北京：中国电力出版社，2012.

［22］肖晓. 买在起涨点的77个技巧［M］. 北京：中国铁道出版社，2012.

［23］郝鸿雁. 抄底逃顶实战技巧［M］. 北京：中信出版社，2012.

［24］老牛. 选股与买卖点技法大全集［M］. 北京：人民邮电出版社，2012.

［25］刘平. 操盘手4用均线抓到大行情［M］. 上海：上海财经大学出版社，2012.

［26］郝鸿雁. 从零开始学均线［M］. 北京：中信出版社，2011.

［27］蒋幸霖. 新股民操盘技术全集［M］. 北京：清华大学出版社，2011.

［28］皖君. 趋势无敌：股市操作指南［M］. 北京：中国科学技术出版社，2009.

［29］老牛. 从零开始学炒股［M］. 北京：人民邮电出版社，2011.

［30］红霞. 趋势为王股指趋势研判与投资策略［M］. 成都：四川人民出版社，2010.